人类文明的基因

人类二元观念与世界文化的分野

（图文版）

翟玉忠 著

中央编译出版社

图书在版编目 (CIP) 数据

人类文明的基因 / 翟玉忠著 . —北京：中央编译出版社，2017.8
ISBN 978-7-5117-3373-3

Ⅰ. ①人…
Ⅱ. ①翟…
Ⅲ. ①世界史－研究
Ⅳ. ① K107

中国版本图书馆 CIP 数据核字 (2017) 第 174757 号

人类文明的基因

出 版 人：葛海彦
出版统筹：贾宇琰
责任编辑：邓永标
执行编辑：舒　心
责任印制：刘　慧
出版发行：中央编译出版社
地　　址：北京西城区车公庄大街乙 5 号鸿儒大厦 B 座 (100044)
电　　话：(010) 52612345（总编室）　　(010) 52612371（编辑室）
　　　　　(010) 52612316（发行部）　　(010) 52612317（网络销售）
　　　　　(010) 52612346（馆配部）　　(010) 55626985（读者服务部）
传　　真：(010) 66515838
经　　销：全国新华书店
印　　刷：北京紫瑞利印刷有限公司
开　　本：889毫米 × 1194毫米　1/16
字　　数：200 千字
印　　张：12.75
版　　次：2017 年 10 月第 1 版
印　　次：2017 年 10 月第 1 次印刷
定　　价：128.00 元

网　　址：www.cctphome.com　　　邮　箱：cctp@cctphome.com
新浪微博：@中央编译出版社　　　　微　信：中央编译出版社（ID: cctphome）
淘宝店铺：中央编译出版社直销店（http://shop108367160.taobao.com）(010) 55626985

本社常年法律顾问：北京市吴栾赵阎律师事务所律师　　闫军　梁勤
凡有印装质量问题，本社负责调换，电话：(010) 55626985

写在前面的话

我想借此机会述说本书的缘起。

一个人最好的时光应当包括三十多岁至四十多岁这段时间。2005年，我32岁那年和一些朋友创立了新法家网站，从此十年磨一剑。2005年至2015年，我已经出版了十本关于中华文化的书籍，内圣外王——道、名、法面面俱到。

修习中国文化，对她最深刻的感受可以总结为"博大精深"四个字——中国文化太博大，太精深。博大到许多人钻进"故纸堆"不能由博返约，精深到许多"国学专家"只能以西释中。

所以我们的研究曲高和寡、甚至被边缘化——大学里讲逻辑学，不会讲名学；大学里讲经济学，不会讲轻重术；大学里讲政治学，不会讲黄老（法家）；大学里讲心理学，不会讲心法……尽管后者植根天道，是超越时空"经"，在人类文明中处于更为基础的地位！

我想弄清是什么原因造成这种被动的局面，当然唯一的方法就是了解世界不同的文化，特别是现代大学体制和现代知识体系产生的西方。只有通过比较，才能知同异，才能理解中国文化在世界文明中的地位和价值。

2013年底完成《性命之学：儒门心法新四书阐微》和《斯文在兹：中华文化的源与流》书稿后，我开始关注其他文明体系。但人类文明实在太庞杂，如何下手呢？当时想：或许只有在晚年悠悠岁月中，再静下来梳理世界文明了，因为准备工作可能要几十年；自己独善其身，不干断人慧根、以学杀人的勾当就行了！

后来我发现，研究世界文化不必如全球史专家一样紧盯着宏观，完全可以另辟蹊径，从微观研究宏观，以小见大，由微知著。

问题是：选择什么作为研究对象？

在对中国文化的研究中我发现，东西方即使在人类思维最基础的二元观念上也有根本的区别，西方文化基础是二元对立思维，只重相克；而中国文化的二元观念，除了讲相克，还讲阴阳相生和阴阳平衡。当我看到2010年上海世博会欧洲国家乌克兰馆的太极图时，我毫不犹豫地选择了太极图——这一人类阴阳观念的具象形态！

全球范围内二元观念和太极图的研究既备尝艰苦，又激动人心，达到了一个学者智力和体力的极限——在长达三年的探索过程中，特别是在近一年的实地考察过程中，我不止一次怀疑自己是否正确选择了研究主题，是否能适应四五千米的青藏高原环境。我所做的，就是坚持、坚持、坚持！

我的发现超越了自己的想象力，也超过了许多学者的想象力，比如：

12000年以前，人类存在共同的祖型文明——萨满文化，那是充满灵性和精灵的世界。阴阳观念和太极图的原型皆萌芽于此。

太极图的本来面目是盘绕的灵蛇，它在六千多年前形成于黑海西部，后来传播至整个欧亚大陆，再跨越太平洋，达到中美洲。阴差阳错，中国是阴阳观念最为高度发展的地区，却是表达一阴一阳之道的太极图出现最晚的地区之一。

西方二元对立观念及建基于其上的文明体系是人类阴阳观念的异化形态，具体发生在四五千年前的两河流域，随着信仰《旧约》的一神教的发展而发展；中国文化是人类文明主根萨满文化的继承者，也是其阴阳观念的继承者。约在春秋战国时代，中国先哲在阴阳观念的基础上建立了内圣外王一以贯之的道统，那是人类最为高度发展的文明成果。

在完成书稿即将付梓之际，我的心中充满感恩之情。这么庞杂的题目，涉及历史学、考古学、民族学、民俗学、岩画学、神话学等方方面面，涉及五大洲太多文化体系。感谢接受我采访咨询的各个领域和国家的专家，感谢那些给我提出诸多宝贵建议和意见的朋友们。没有他们，这项研究不可能完成。

最后还要感谢福建古田蓝田书院，他们支持了我的研究费用。

感谢梵隆集团控股有限公司张步晖先生资助本书的印制出版。

但愿本书对学人究天人之际，通古今之变，明中西之分有所贡献。

翟玉忠
2016年9月27日

目录

写在前面的话　/　001

导言　共同的祖先　同质的文化　/　1

  如同基因技术证实，目前地球上所有人基本上都与七万年前走出非洲的智人有关一样，通过对人类早期精神产品的研究，神话学家和岩画学者发现，智人早期文化在世界范围内显示出了惊人的同质性。直到12000年前，随着农业定居生活的产生，人类文化才呈现明显的地方特色。

  四千年以前乃至更早，多瑙河到黄河之间就有一条贯通欧亚大草原的文明交流大通道。这条通道到中国后，沿青藏高原的东部边缘河谷下行，从甘肃南下到云南，再到缅甸和泰国，形成费孝通先生上个世纪提出的"藏彝走廊"，后又被学界较为全面地概括为"藏羌彝走廊"。同时，这个欧亚"T"字形文明大走廊延伸到了美洲、非洲和大洋洲。

  完全不同于现代西方二元对立观念，在狩猎采集时代信仰万物有灵的萨满文化中，二元观念更类似于中国的阴阳观念，阴阳呈互补性特征，作为整体的一部分而存在。

一、人类早期文化的同质性　/　2

二、欧亚"T"字形文明大走廊　/　8

三、狩猎采集时代的阴阳二元观念　/　17

甲编　世界—太极　/　22

  太极图不仅属于中国，属于亚洲，更属于全世界！作为人类阴阳观念的具象形式，今天东西方丰富多彩的文化都包含这一重要的文化因子。《周易·系辞下》云："天地之大德曰生。"或许正是因为蛇普遍代表着生生不息的生殖力、生命力，才使螺旋形盘绕的蛇成为表达一阴一阳、天道的太极图的原型。

太极图最早出现在黑海西部地区，随着人种的扩散散布到地球的各个角落，从中国西南部的山区一直到中美洲。由于时空上的隔离，这些拥有太极图的文化最后到了"相见不相识"的程度，要结束各民族心理上"老死不相往来"的心态，还有漫长的路要走。

我们需要以历史的眼光，世界的视野，重新评价以中国为中心的东方文化及西方文化的价值。未来人类和平的根本不是武器的先进，不是战略的高明，而是人类文化的转型。从古老的欧洲到生生不息的现代中国，我们惊喜地发现：阴阳和合——和平文化才是人类文明的真正底色——或许这是通过人类阴阳观念与太极图全球比较研究，笔者能告诉世人的最宝贵信息。

一、太极图的史前文明之根　/ 30

二、灵蛇太极图在中国　/ 42

三、灵蛇太极图在"尼罗河－印度河走廊"　/ 55

四、环太平洋文化圈中的灵蛇太极图　/ 65

乙编　欧亚大陆所见八卦历盘杂考　/ 77

过去一万年来，世界范围内有两个共通的文化现象最值得关注：一是表达人类二元观念的具象太极图；二是表达宇宙时空观念的具象八卦。

中国彝族这样的古老族群，在特定的环境中能够保存人类极为古远的历史文化记忆——他们至今依旧认为太极图是缠绕在一起的两条蛇（龙），八卦即八角；四五千年以前，八卦（角）当是沿着欧亚大陆"T"字形文明大走廊，从东方传到了西方。

一、八卦即八角　/ 78

二、洛书河图形成于何时　/ 88

三、欧亚大陆所见八卦历盘　/ 95

丙编　"太极图说"六种　/ 100

中国文化继承和升华了智人走出非洲后数万年的人类文明成果，在周代就摆脱了萨满文化的神话传统，通过由巫及礼的理性化重构，完成了人类文明的人本主义革命，创造了以人为本的"人道文化"；西方的发展呈断裂式，从文化上讲是在二元对立思维的基础上将人类古老的神话传统固化了。直到今天它仍然建基于《旧约》神话体系之上，尽管15世纪以来西方社会高度世俗化和商品化了，宗教的神圣性不断流失，但并未实现"真正"的人本主义转化，整体上说仍然是以神为本的"神道文化"。

对萨满文化的理性人本升华，使中国文化道气（器）合一，德法合一，政教合一，没有走入西式二元对立的哲学观念，将神性与人性、宗教与世俗、政治与教化两分，这成为中国持久和平国运的基础。

《易·系辞上》云："一阴一阳谓之道，继之者善也，成之者性也。"阴阳观念成就了中华文化内圣外王的道统，构筑了高度复杂统一的中国古典学术体系——这是人类文明的巅峰之一，它不仅属于中国，更属于全世界——值得21世纪的人类认真研习。

一、土鲁窦吉·清浊气产生 / 106

二、物始纪略·输必孜根由 / 109

三、黄帝内经·素问·阴阳应象大论 / 112

四、银雀山汉简·奇正 / 116

五、鬼谷子·捭阖第一 / 120

六、太极图说 / 125

丁编　太极寻踪·访学行记 / 130

透过太极图，我看到了人类文化的统一性和不同族群文化的互补性。任何形式的"文化中心论"都是极其危险的，它将导致人类文明的野蛮冲突和人类文化的固步自封。

西方文明不能因其一神教而否定中华道统，中华道统也不能因高度融合发展的内圣外王形态而否定西方一神教；世界各地残存的萨满文化因素是人类文明的背景辐射，在生态危机频仍的今天，其万物有灵思想仍有重要的现实意义；在物质生活极大丰富，精神世界高度贫乏的今天，印度深厚的内修传统必将再度造福于世界……

一、乌克兰行记 / 131

二、青藏高原行记 / 156

附录一　印度版"亚当和夏娃的故事"　/　172
附录二　人类文化艺术的唯一起源性　/　176
附录三　彝族古籍中八卦、洛书、河图诸说　/　180
附录四　佛家法王观念与黄老道法思想　/　186
鸣谢　/　193

导言　共同的祖先　同质的文化

如同基因技术证实，目前地球上所有人基本上都与七万年前走出非洲的智人有关一样，通过对人类早期精神产品的研究，神话学家和岩画学者发现，智人早期文化在世界范围内显示出了惊人的同质性。直到 12000 年前，随着农业定居生活的产生，人类文化才呈现明显的地方特色。

四千年以前乃至更早，多瑙河到黄河之间就有一条贯通欧亚大草原的文明交流大通道。这条通道到中国后，沿青藏高原的东部边缘河谷下行，从甘肃南下到云南，再到缅甸和泰国，形成费孝通先生上个世纪提出的"藏彝走廊"，后又被学界较为全面地概括为"藏羌彝走廊"。同时，这个欧亚"T"字形文明大走廊延伸到了美洲、非洲和大洋洲。

完全不同于现代西方二元对立观念，在狩猎采集时代信仰万物有灵的萨满文化中，二元观念更类似于中国的阴阳观念，阴阳呈互补性特征，作为整体的一部分而存在。

现有的考古学证据表明：300 多万年，能够完全直立的古猿已经行走在东非大地上，260 万年前人类开始制造石器，80 万年前人类偶尔用火。不过，面对冷冰冰的化石和石器，我们对早期人类文化的理解仍然极为模糊。对于距今四、五万年之前人类精神文化的重建，基本上都靠猜想。

"露西"（Lucy）是 1974 年在埃塞俄比亚发现的南方古猿阿法种的古人类化石，生活在 300 多万年前，被认为是第一个直立行走的人类。1974 年 11 月 24 日，美国古人类学家唐纳德·约翰逊、伊夫·科本斯和蒂姆·怀特在埃塞俄比亚的阿法

图 0-1 露西复原图（图片来源：时代生活出版公司：《人类文明史图鉴·人类的黎明》，吉林美术出版社，2001 年 3 月，第 26 页。）

尔凹地发现"露西"。根据当时庆祝发现而播放的披头士乐队的一首歌 Lucy in the Sky with Diamonds 将她命名为"露西"。"露西"是一位 20 多岁的女性，身高 120 公分，体重约 32 公斤，身材比现代女子小。

这张复原图（图 0-1）恐怕是对露西女士最多的感性认识了。除此之外，对于她的宗教信仰、文化观念和生活方式等等我们一无所知。

直到约五万年前左右，随着我们的主要直系祖先现代智人逐步从东非移居到整个地球（南极除外），学者们才有可能通过符号、图形理解人类文化——岩画和雕塑，能够直接深入古人的精神世界——感谢上苍，它们使探索人类文明的基因二元观念成为可能。

如同人体主要遗传物质 DNA 的双螺旋结构一样，人类也是以二元的观念来思考的，这成为不同文化发展的基因，东西文化的分野也在于二元观念的不同。美国著名学者，神话学家约瑟夫·坎贝尔教授直言："人类经常以对立的概念来思考……因为我们无法以其他的方式思考。"①

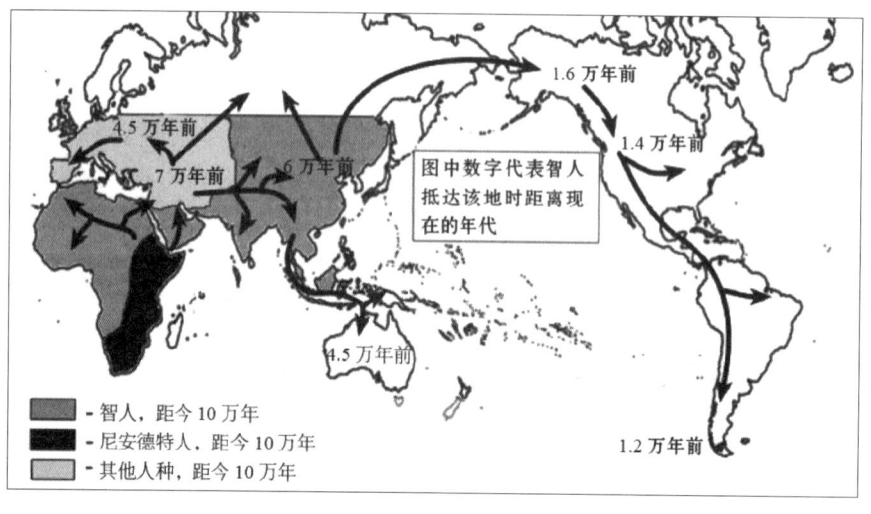

图 0-2 智人征服地球。同现代的狩猎采集族群一样，处于狩猎采集阶段的智人是天生的迁徙动物，他们只用了两万多年的时间就占据了除美洲之外所有适合人类居住的地区（图片来源：〔以色列〕尤瓦尔·赫拉利：《人类简史：从动物到上帝》，林俊宏译，中信出版社 2014 年版，第 14 页。）

一、人类早期文化的同质性

名副其实。智人，它的主要特征就是爆发性的智慧创造能力！

这一小群 7 万年前走出非洲的灵长类动物，无论在精神还是在物质层

---

① 〔美〕约瑟夫·坎贝尔、比尔·莫耶斯：《神话的力量》，朱侃如译，万卷出版公司 2011 年版，第 68 页。

面，都有了革命性创新。在 7 万年前到 3 万年前之间，智人发明了船、油灯、弓箭和针。后者极为重要，因为有了针才能缝制御寒的衣服，这对我们祖先进入寒冷地带极其重要。

比技术发明更为重要的，是历史学家所谓的"认知革命"。人类在血缘关系的基础上，开始通过构筑超越现实的意象，寻求群体认同，协同合作，打造精神共同体和社会共同体。正是这种复杂的共同体，使人类生生不息——今天的民族国家仍被学者称为"想象的共同体"。

以色列历史学家尤瓦尔·赫拉利这样描述智人的双重现实世界。他写道："从认知革命以来，智人一直就生活在一种双重的现实之中。一方面，我们有像是河流、树木和狮子这种确实存在的客观现实；而另一方面，我们也有像是神、国家和企业这种想象中的现实。随着时间过去，想象现实也日益强大；时至今日，河流、树木和狮子想要生存，有时候还得仰赖神、国家和企业这些想象现实行行好、放它们一马。"①

"认知革命"发生的一个重要证据是某些"动物+人形"的出现，它们是在北半球活跃至今的萨满文化中的一类造型，展现了萨满神灵或萨满本身——萨满降神时，神灵（常常是动物神灵）就附在萨满身上。

一件著名的神偶雕塑从德国施泰德（Stadel）洞穴出土，那是象牙制的"狮人"雕像（如图 0-3）。这件雕像人身狮头，胳膊上刻有几条平行线，年代距今 35000—30000 年。笔者注意到，这个 3 万多年前的神偶与长春东北民俗博物馆展出的一件神偶多有相似之处——那是一座"虎人"雕像。（图 0-4）二者都是兽头人身，双臂略弯曲，都具女性特征。

中国萨满文化的研究泰斗富育光先生指出，在北方萨满文化圈中，多有相类似的虎头柱，它是神坛卫神柱桩。② 我们可以推知，3 万多年前狩猎时代族群的"狮人"雕像可能也具有类似的宗教文化功能。

一类精神产品造型延续数万年对许多人来说不可思议，但这却是事实！文化的生命力比人类肉体不知要坚韧持久多少倍。在北欧、北亚、北美地区残存的萨满文化中，今天我们还能看到与石器时代风格相似的艺术

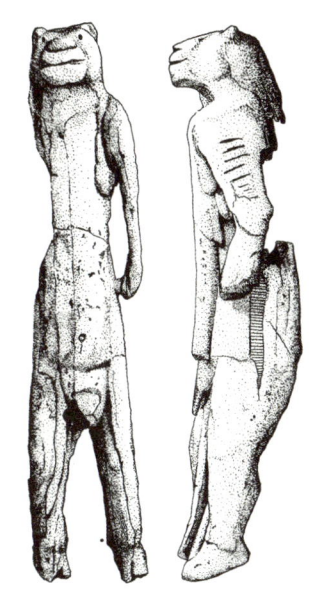

图 0-3 德国巴登·符腾堡州施泰德洞穴出土的象牙制人形小雕像，这当是最早能认定为宗教文化艺术品的物品之一。想象人造物的出现是"认知革命"发生的重要标志（图片来源：[法]埃马努埃尔·阿纳蒂：《艺术的起源》，刘建译，中国人民大学出版社 2007 年版，第 67 页。）

图 0-4 鄂伦春人的虎头神偶（图片来源：张华强先生 2016 年 6 月 15 日摄于长春东北民俗博物馆。）

---

① 〔以色列〕尤瓦尔·赫拉利：《人类简史：从动物到上帝》，林俊宏译，中信出版社 2014 年版，第 33 页。
② 富育光：《萨满论》，辽宁人民出版社 2000 年版，第 259 页。

图 0-5 法国夏朗德省勒布拉卡尔出土的马格德林文化时期钻空鹰骨管（图片来源：〔法〕埃马努埃尔·阿纳蒂：《艺术的起源》，刘建译，中国人民大学出版社 2007 年版，第 57 页。）

形式。富育光先生指出："在黑龙江沿岸的森森岩画以及我国近些年公布的内蒙古呼伦贝尔盟大兴安岭原始森林的岩画遗迹，反映了原始人的思维和情感。其中，不少姿态集结的象意形岩画，生动活泼，具有极高的艺术概括力和表现力。这些在北亚、东北亚萨满的各种神祀物件上，均可见到十分相似的形态。"①

在法国夏朗德省（Charente）勒布拉卡尔（Le Placard），考古学家发现了马格德林文化时期（距今 1.7 万—1.15 万年）的钻空鹰骨管，一直以来被当作乐器的一部分，上面用折线或平行线装饰；（如图 0-5）在大洋洲的巴布亚新几内亚，人们发现了带有同样装饰的这种乐器，那里的原住民认为，上面的图案体现了乐器所吹奏出的音乐——事实上，超越时空的文化因子在世界范围内比比皆是，充分体现了人类文明起源和发展的复杂性。

如同基因技术证实，目前地球上所有人基本上都与七万年前走出非洲的智人有关一样，通过对人类早期精神产品的研究，神话学家和岩画学者发现，智人早期文化在世界范围内显示出了惊人的同质性。直到 12000 年前，随着农业定居生活的产生，人类文化才呈现明显的地方特色。

---

① 富育光：《萨满论》，辽宁人民出版社 2000 年版，第 196 页。

哈佛大学南亚学系教授、国际比较神话学会主席迈克尔·威策尔（Michael Witzel）在其2012年出版的《世界神话起源》*The Origins of the World's Mythologies*（New York: Oxford University Press，2012）一书中，运用语言学、体质人类学、基因学和考古学资料，推测出六七万年前，人类尚未走出非洲时就已存在的泛古陆（Pan-Gaean）神话，它包括如下几个主要主题：一个遥不可及的最高神；他直接或间接创造的人类；人类的狂妄自大；人类遭受的道德惩罚；大洪水；以及一系列创建了人类文化的造物主或计谋之神（trickster）。

泛古陆神话叙事线索是：最高神在地球形成之前就已经存在了，他移居到天上，并派下他的孩子来创造人类。人类犯了一些错误并被处以大洪水或死亡的惩罚。

随着现代人的主要直系祖先智人走出非洲大陆，泛古陆神话演化成南北两大集合，即劳亚古陆神话（Laurasian Mythology）和冈瓦纳古陆神话（Gondwana Mythology），二者各有各的特点。劳亚古陆神话主要分布于欧亚大陆、北非、波利尼西亚和南北美洲，它们在地理上绝大部分属于南非地质学家杜德瓦（A.L.Dutoit）提出的原始古大陆"劳亚古陆"的组成部分。冈瓦纳古陆神话分布在次撒哈拉非洲、澳大利亚、安达曼群岛和新几内亚等地区，得名于原始古陆"冈瓦纳"。

人类的一切神话，皆脱胎于泛古陆神话。鉴于神话在人类生活中的核心地位（事实上，现代西方文化仍然建基于《旧约》神话体系），我们可以说，人类文化皆源于共同的早期文化母体。

岩画学家将各大洲的史前艺术（这种艺术是宗教意义上的，非如现代人一样"为艺术而艺术"）分为早期狩猎者（看不出使用弓和箭）、早期采集者（基本上采集植物产品且素食）、进化了的狩猎者（使用弓和箭）、牧人和复合经济（从事畜牧、农业和商业）几个阶段，意大利卡莫尼卡山谷史前研究中心主任，国际岩画委员会主席埃马努埃尔·阿纳蒂（Emmanuel Anati）先生对这几个阶段作了细致的归纳（如图0-6）。

早期狩猎者艺术最显著的特点是全球同质性。阿纳蒂教授对此作了精辟地论述，他将12000年前人类文明的分化形象地比喻为"巴别塔"，即人类为彰显自己建立的通天塔，那是语言变乱的开始。《旧约·创世记》上说，以前世界有着共同的语言，为了阻止人类建立通天的高塔，惩罚他们对自

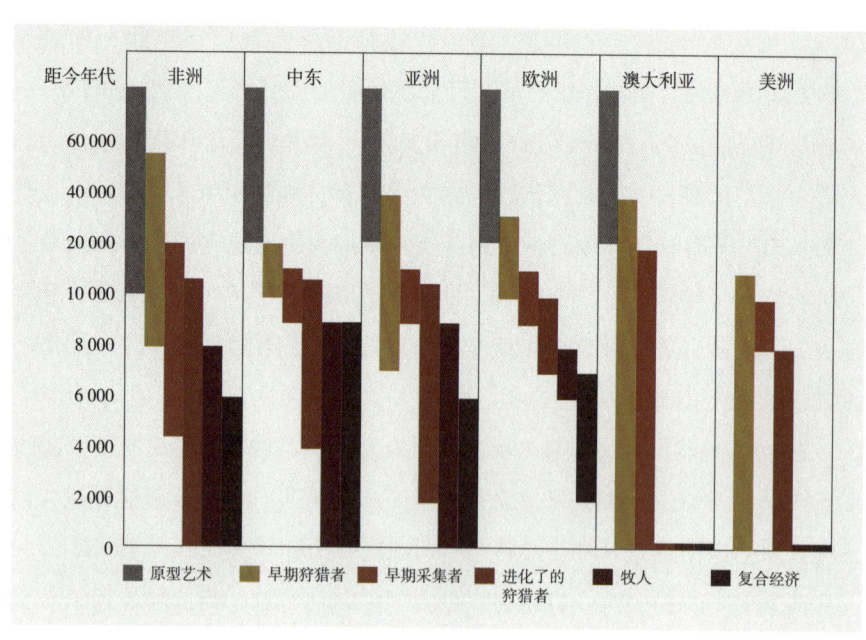

图 0-6 史前艺术的不同发展阶段（图片来源：〔法〕埃马努埃尔·阿纳蒂：《艺术的起源》，刘建译，中国人民大学出版社 2007 年版，第 313 页）

已誓言的怀疑，上帝悄悄离开天国来到人间，改变并区别开了人类的语言，使他们因为语言不通而分散各处。

阿纳蒂教授写道："欧洲旧石器时代的艺术中有手指印（无论是凹的还是凸的）或是外阴、男性生殖器符号、十字形、棒形和树枝形，而在坦桑尼亚和澳大利亚的作品中，在组合的内部和相似的情境中，也存在一些这样的图案。我们不能想象这些常见的现象是由于直接的接触而得来的，不过，可以推定，这些现象是源自一个共同的概念母体，这个母体或许可以使我们追溯到智人形成过程时的原型那里。

"早期狩猎者艺术具有全球同一的特点，而进化了的狩猎艺术则带有更多的地域特色，即便是它保留了许多传之世界的范式。'巴别塔'始于狩猎和采集时代的末期。在世界上的某些地区，这种变异始于12000多年以前，而在其他一些次要或边远的地区，这种变异就是在今天也还在进行。过去的12000年中，经济形态在人类活动不断延伸的土地上演变着，演化出的概念性也越来越各具特色，而艺术就是其反映。

"当狩猎不再是人类主要的经济行为时，转折就出现了，艺术、概念性以及文化的其他可能的方面呈现出越来越地域化和偶发的特点。人类更容易理解与其生活的文化相似的那些艺术，其他地区则显得越来越具异国情调了。可以说,语言是如此,宗教也是如此。"①

最令人惊叹的是,在北半球和南半球,相距万里之遥的地球两端,竟然会有构图极为相似的岩画。它们的设计元素都是四足动物轮廓、女性生殖器和一系列点线构成的表意符号。

(图 0-7)中,a 来自澳大利亚莫拉河;b 来自法国多尔多涅地区,属奥瑞纳文化时期,距今约三万年——这种现象强烈暗示着人类诸多文化艺术有着共同起源。

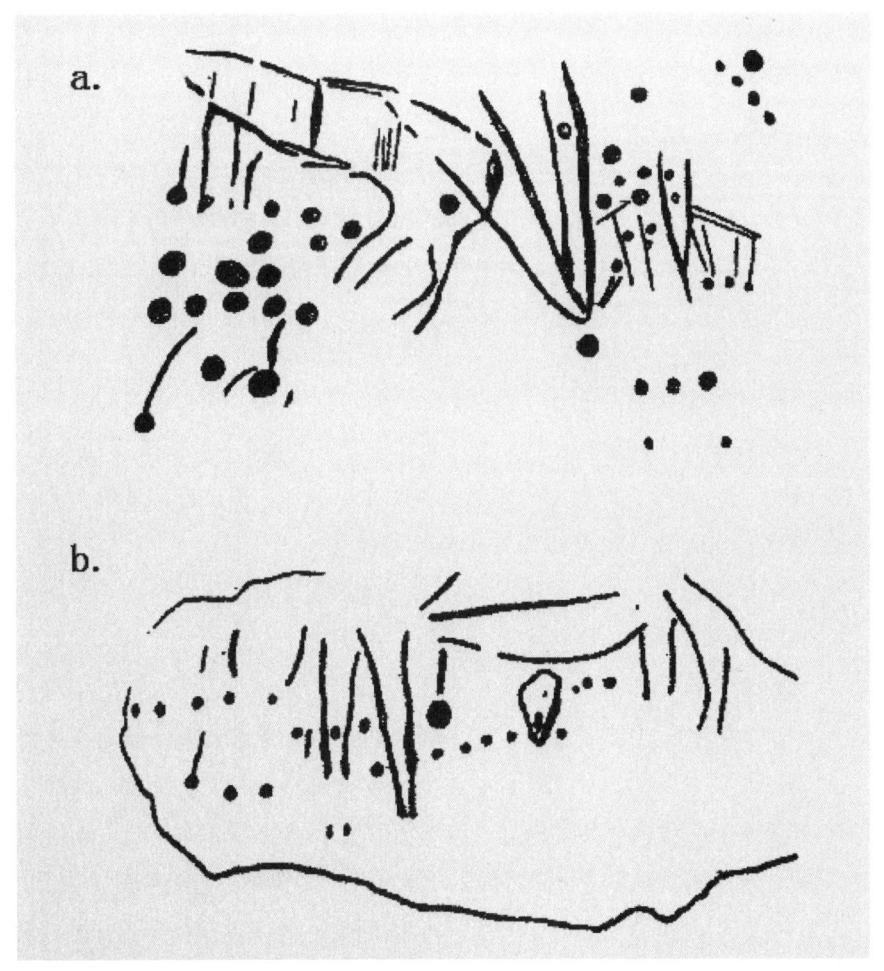

图 0-7 北半球和南半球主题风格相似的两幅岩画,它是人类诸多文化有着共同起源的一个令人印象深刻的证据(图片来源:陈兆复、邢琏:《世界岩画 I·亚非卷》,文物出版社 2011 年版,第 12 页。)

---

① 〔法〕埃马努埃尔·阿纳蒂:《艺术的起源》,刘建译,中国人民大学出版社 2007 年版,第 373—374 页。

二、欧亚"T"字形文明大走廊

需要特别指出的是，人类文化在 12000 年左右开始呈现显著的地方特色之后，不同族群并不是停止了交流进程，狩猎采集先民过去六七万年建立的文化交流通道在这一时期没有关闭，整体上还在不断发展。换言之，进入农业定居时代后，地方性和世界性二者并行发展，新石器时代欧亚"草原之路"就是在这一背景下形成的。

欧亚大陆北部长达八千余公里的大草原，在旧石器时代、彩陶时代、青铜时代都起着重要的文化交流通道作用。长期以来，中国的考古工作者多关注新疆，结果将彩陶等文化因素确定为由东向西传，殊不知，许多文化因素是通过草原从西向东传，然后又通过新疆反向西传——愚昧是狭隘的产儿，真是这样啊！

华中师范大学历史文化学院的宋亦萧教授通过对宁夏水洞沟文化勒瓦娄哇技术、彩陶、冶铜术、家培动植物中的绵羊（世系 B）、黄牛和小麦等文化因素的综合考察证明：早期中外接触通道在中国北方以北的欧亚草原，而不是大家习以为常的新疆绿洲丝绸之路。

> 宋亦萧教授指出："中国与世界的早期接触，可以追溯到极早期的旧石器时代晚期。水洞沟文化及其石器制作技术——勒瓦娄哇技术，成为了最早期东西方文化交流的风向标。其后，历经新石器时代中晚期和青铜时代，早期中国与域外的接触持久而活跃。彩陶、冶铜术、家培动植物绵羊（世系 B）、黄牛和小麦等文化因素，成为中外早期接触的最醒目标志，这些文化因子进入中国后，深刻影响了中华早期文化的发展和文明的形成。

> "中外早期接触的通道，在欧亚草原，正是通过它，遥远的中西亚与中国北方的陕甘宁地区、内蒙古以及海岱地区出现了持久的联系和交流。而历史时期形成的'丝绸之路'，只是到了青铜时代才渐有沟通，张骞通西域后才完善巩固，逐渐取代草原之路沟通东西的地位。"①

四千年以前乃至更早，欧洲到中国就有一条贯通欧亚大草原的文明交流大通道。俄国学者叶莲娜·伊菲莫夫纳·库兹米娜（Elena Efimovna

---

① 宋亦萧：《中国与世界的早期接触：以彩陶、冶铜术和家培动植物为例》，载《吐鲁番学研究》2015 年第 2 期。

Kuzmina)在《丝绸之路史前史》一书中,运用大量的考古资料证实:"在红铜时代和青铜时代的发展过程中,欧亚草原人群在建立泛欧亚民族和文化联系中的中枢地位。"①

这条草原大通道到中国后,沿青藏高原的东部边缘河谷下行,从甘肃南下到云南,再到缅甸和泰国(这也是为什么泰国会在公元前2000年左右就出现青铜文化的原因②),形成费孝通先生20世纪80年代左右提出的"藏彝走廊",后又被学界较为全面地概括为"藏羌彝走廊"。同时,这个欧亚"T"字形文明大走廊延伸到了美洲、非洲和大洋洲。(如图0-8)

正是欧亚"T"字形文明大走廊的存在,使得本书论及的太极图、八卦(角)能够在东西方之间广泛传播——我们将证明,太极图从西方传到了东方,而八卦(角)似乎是从东方传到了西方。

与欧亚平坦的大草原不同,藏羌彝走廊沿高山谷地一路延展开去,相对闭塞的地理环境形成了人类文明史上最深厚的历史文化沉积带。因此,我们能在彝族这类文化相对发达的古族找到太极图、八卦的遗存——甚至还找到了相应的经说。

欧亚"T"字形文明大走廊假说,能够使我们很容易理解:为何东西方彩陶在几何纹饰,乃至复杂图像上都呈现惊人的一致性?为何半坡陶符与腓尼基字母有二十个以上相同的形态?

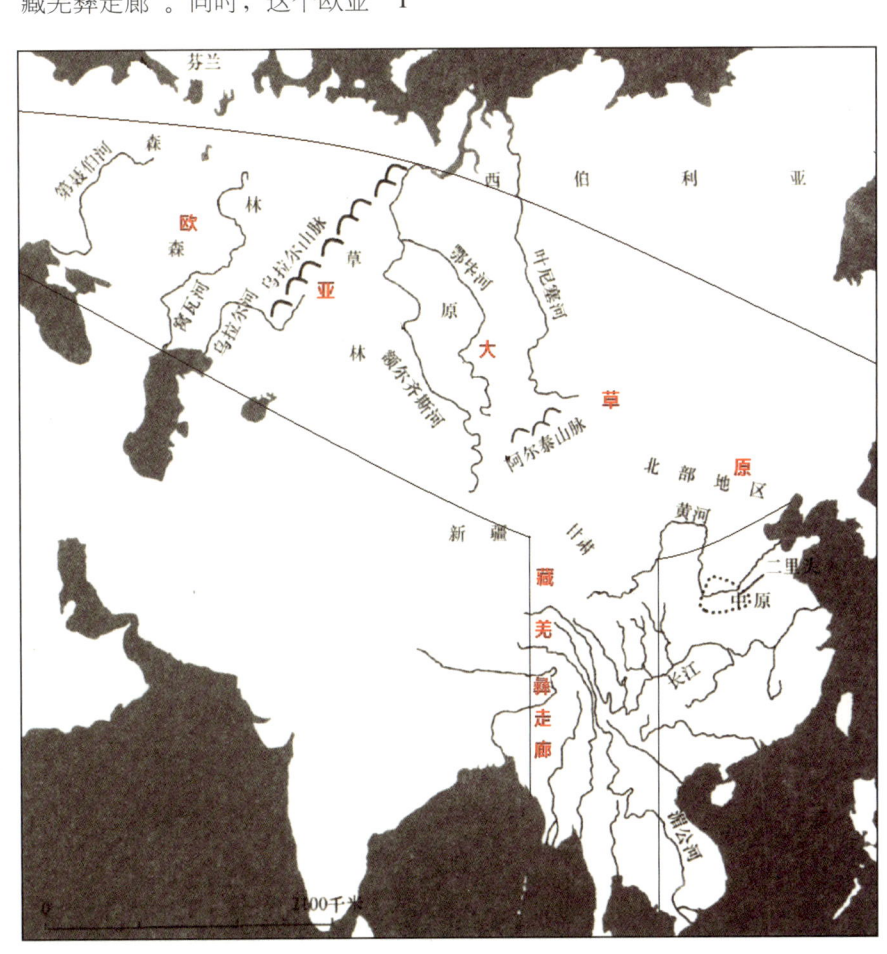

图0-8 欧亚"T"字形文明大走廊——欧亚大草原及藏羌彝走廊

---

① 〔俄〕叶莲娜·伊菲莫夫纳·库兹米娜:《丝绸之路史前史》,李春长译,科学出版社2015年版,第92页。
② 〔美〕乔伊斯·怀特、伊丽莎白·汉密尔顿:《东南亚青铜技术起源新论》,陈玮译,载《南方民族考古》(第七辑),2011年。

早在 20 世纪 20 年代，瑞典考古学家安特生（J.G.Andersson）在《中华远古之文化》一书中，就将河南仰韶村、东南欧的特里波里、中亚安诺三个遗址的彩陶作了对比（图 0-9），他指出："然以河南与安诺之器相较，其图形相似之点，既多且切，实令吾人不能不起同一源之感想。两地艺术，彼此流传，未可知也。诚知河南距安诺道里极远，然两地之间实不乏交通

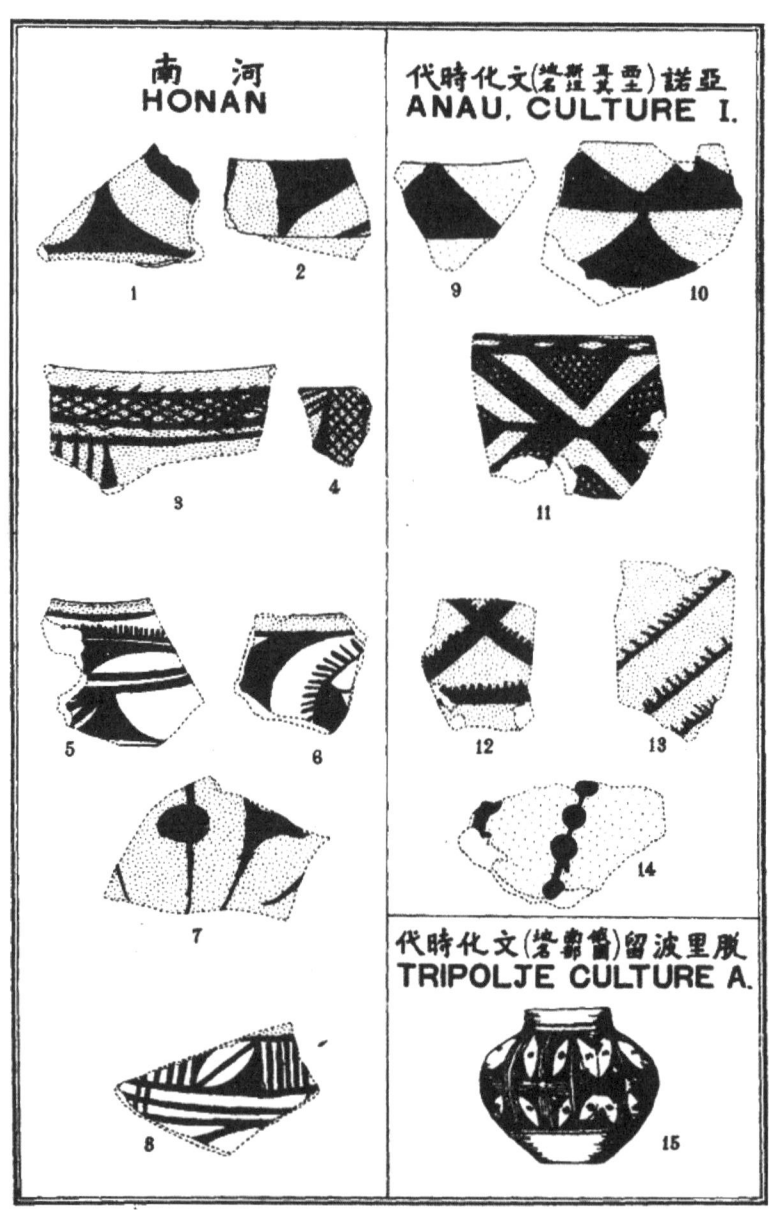

图 0-9 欧亚大陆重要古文化彩陶纹饰比较（图片来源：〔瑞典〕安特生：《中华远古之文化》，袁复礼译，文物出版社 2011 年版，图版十三。）

孔道。"①安氏所指的这个"交通孔道",大体指青藏高原以北,西伯利亚以南的欧亚草原。

除了安特生看到的大量几何纹,中国彩陶与东欧彩陶的相似之处是多方面的,即使复杂图案也是这样。这使得东西方彩陶独立起源说难以令人信服——因为相对独立的文化间最明显的特征常常是艺术形式的极大不同,如非洲和中国的传统艺术。

笔者将饶宗颐教授整理的安特生《中国史前史》(1943)一书中的彩陶纹饰,与美国考古学家马丽加·金芭塔丝(MarijaGimbutas)搜集的古欧洲彩陶纹饰进行比较,能看出东西方彩陶在设计元素上的高度相似性。(如图0-10、0-11)

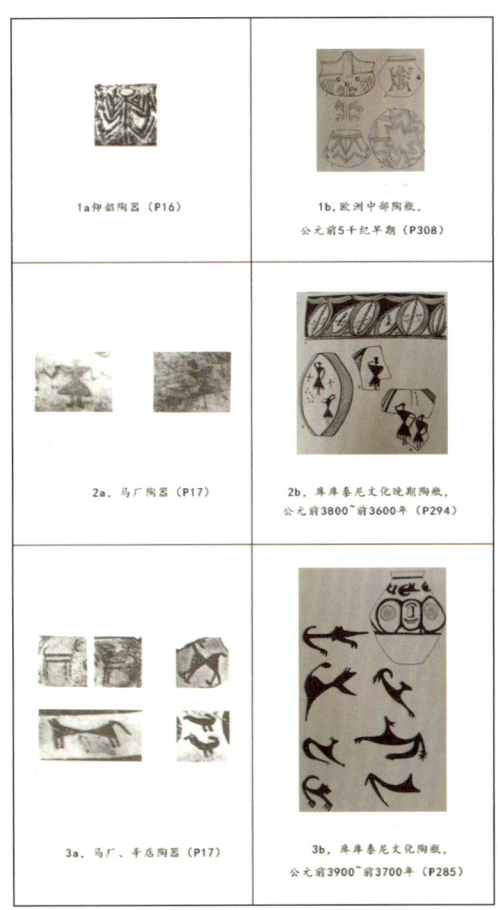

图0-10 古欧洲彩陶和中国彩陶纹饰比较

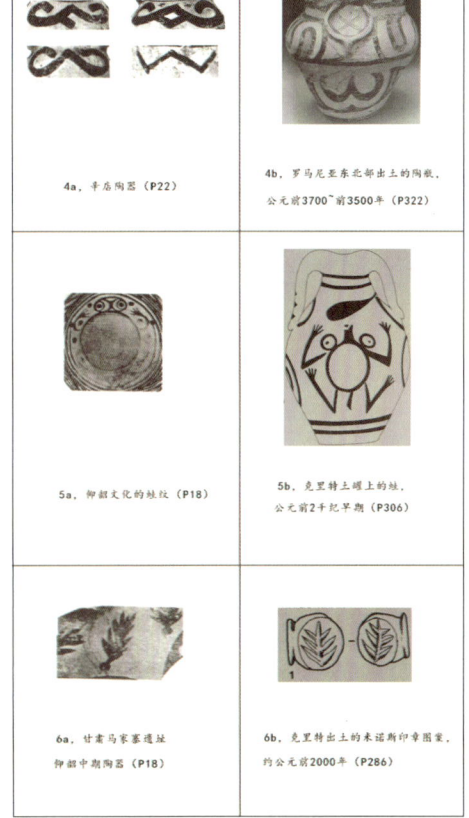

图0-11 古欧洲彩陶和中国彩陶纹饰比较

① 〔瑞典〕安特生:《中华远古之文化》,袁复礼译,文物出版社2011年版,第25页。

图 0-10、图 0-11 中 a 部分来自饶宗颐《符号·初文与字母：汉字树》（上海书店出版社，2000 年 3 月）。b 部分来自金芭塔丝《女神的语言》（社会科学文献出版社，2016 年 3 月），注中的页码分别对应两书页码。

从年代上看，显然是西方彩陶文化传播到了东方。宋亦箫教授进一步论述道："至于传播路径，依据各地彩陶的相似度及存在时间，推定为西亚—中亚—欧亚大草原—中国关中，而不是中外学者一直认为或作为反驳彩陶西来靶子的新疆、甘肃'丝绸之路'一线。严文明先生曾著宏文《甘肃彩陶的源流》，证明甘肃彩陶源于关中，其越往西彩陶出现越晚，从而'否定'了'彩陶文化西来说'，后来新疆彩陶被证实部分来自甘肃，属时代更晚的青铜时代，再次'坚定'了中国彩陶独立起源的信念。殊不知，西来彩陶根本就不是走的丝绸之路，而是其北边的草原之路，率先到达关中后，再分别向东西两侧传播，向东进入河南、山东，向西进入甘青和新疆。所以我们看到的陕甘新（新疆东部）彩陶越往西越晚，正是因为它们传自关中的缘故。"①

文化的传播和影响从来就不是单向度的。饶宗颐教授坚持数十年研究陶器刻画符号，他通过将半坡系陶符与腓尼基字母相比较，（图 0-12）注意到约公元前 11 世纪出现的腓尼基字母源自中国陶文，而非一般人所认为的埃及圣书。他写道："陶符与腓尼基字母比较表，百分之七十以上实同于汉土仰韶期彩陶上的符号，这说明很可能远古时期，西北地区闪族人（腓尼基为其中一支——笔者注）与羌人杂处，通过商品贸易，闪族人遂采取陶符作为字母依据的材料。"②

饶氏还指出，旧石器时代石器技术器型已经打破洲际限制，不同文明互相模仿吸收，那么，"我们现在应该打破这一界线，泯除过去所谓'东来说'或'西来说'的旧观念，东西文化交流上的鸿沟，亟宜加以消除，再进一步寻求彼此间有关联的线索，这对历史上广大的人类文明演进的了解，相信在不久的将来必有更重要的收获。"③

饶先生的这个观点很值得学人三思！

---

① 宋亦箫：《中国与世界的早期接触：以彩陶、冶铜术和家培动植物为例》，载《吐鲁番学研究》2015 年第 2 期。
② 饶宗颐：《符号·初文与字母：汉字树》，上海书店出版社 2000 年版，第 132 页。
③ 饶宗颐：《符号·初文与字母：汉字树》，上海书店出版社 2000 年版，第 146 页。

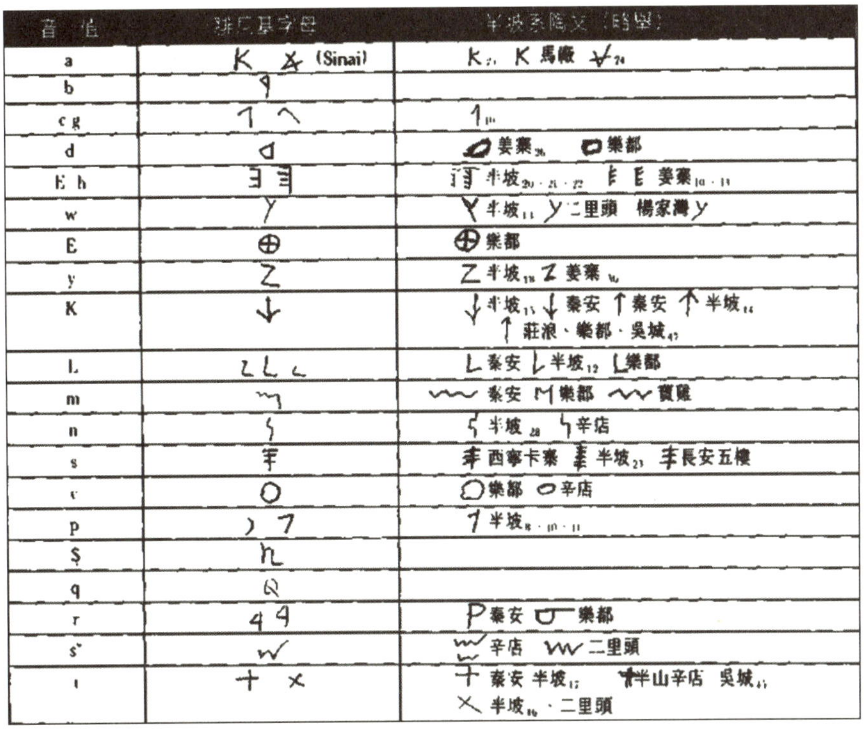

图 0-12 半坡陶符与腓尼基字母的惊人相似性（图片来源：饶宗颐：《符号·初文与字母：汉字树》，上海书店出版社，2000 年版，第 123 页。）

欧亚"T"字形文明大走廊产生的重要原因是地理因素。它的左下角是被称为世界"第三极"的青藏高原，那是过去 340 万年印度大陆板块向北推进，不断向亚欧板块下插，导致陆地隆起的结果。距今三万年前人类就登上了青藏高原，但它高海拔的环境仍是人类生存和文化传播的巨大屏障，并因此形成以青藏高原为原点的不同文化分布——过去一万年来，人类主要文化体系是围绕青藏高原展开的。（如图 0-13）在青藏高原的北部和东部，异质文明在此不断融汇积淀，形成了欧亚"T"字形文明大走廊。

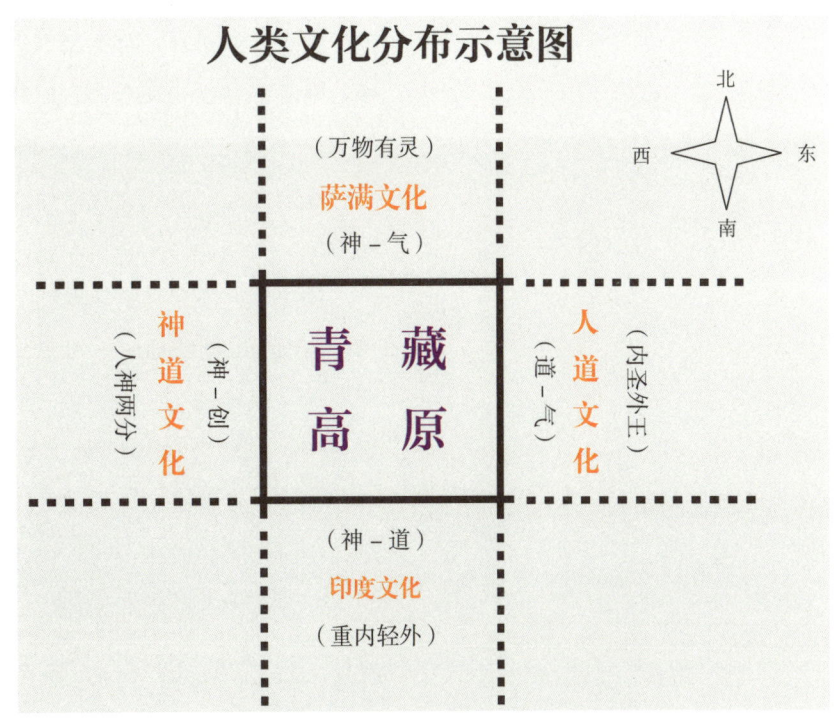

图 0-13 人类文化分布示意图——展现了以青藏高原为原点的人类文化分布

长期以来，学者们在东西方文化分界的问题上绞尽脑汁，结果又混乱非凡。比如约瑟夫·坎贝尔主张穿过伊朗高原，沿60度经线将东西方分界。他以充满欧洲中心论的笔调，将世界分为被隔绝，从而也是保守的东方，以及更具创造力的西方。前者包括印度和远东（中国、日本），后者包括黎凡特和欧洲文化。[①] 问题是，伊朗高原从来就是人类交流的大通道之一，怎么能起到"别同异"的真正作用——交流通道有利于"求同"，又如何"存异"呢？

在这个世界上，周边既有丰富多彩的文明，又起到巨大阻隔作用的地方，只有地球的"第三极"青藏高原。站在青藏高原上俯视人类文明，我们就会发现：它的东边是以中国文化为代表的，内圣外王一以贯之的人道文化（道统）；南边是重内轻外的印度"神-道"文化，但印度的神是"表法"的，以神喻道，阐明天道。西边是以《旧约》神话系统为基础的神道文化，包括今天的基督教、犹太教和伊斯兰教；北边自古就是东西方文明交流的大通道，同时在北欧、北亚广泛分布着萨满文化。

从人类文化的整体上说，我们可以将美洲土著文化看东亚文化的延伸，二者在无形精神世界和有形器物方面的一致性过去一百多年来已经得到了广泛而深入的研究。著名考古学家、美国科学院院士张光直（1931—2001年）对美洲古文化和中国古文化都有着深刻的了解。生前，他曾一再提及"玛雅—中国文化连续体"的概念，认为古代中国和古代美洲之间存在着一种祖型文化，这种文化母体在不同地域分头发展，但其文化基因却是相同的。

张先生并没有否定学界讨论已久的中美文化间的"超越太平洋的传播"（Trans-Pacific Diffusion），他认为中国与古代美洲文明的相似程度非常广泛，而二者又相距遥远，所以即使一直有所接触，也不会是全面的、连续的，不会产生这么广泛的相似性。

他进一步解释说："虽然它们起源不同，但中国文明和中美文明实际上是同一祖先的后代在不同时代、不同地点的产物。我把这一整个文化背景叫作'玛雅—中国文化连续体'。所以这样称呼是因为目前我们对中国文明

---

① 〔美〕约瑟夫·坎贝尔：《指引生命的神话：永续生存的力量》，张洪友等译，浙江人民出版社2013年版，第56—66页。

和玛雅文明了解得比较清楚,而实际上这个连续体的地理范围是整个旧大陆和新大陆,其时间也远远超过中国文明或玛雅文明起源的时间,至少可以早到旧石器时代晚期。从这种观点来讲,我们旧石器时代的祖先,他们的文化,尤其是美术、思想和意识形态的发达程度,远远比我们现在从极有限的考古资料中(通常只有少数的石器类型)所看到的要高得多,而我们对他们的文化水平常常低估。"[1]

那么,过去一万多年来人类文化又是何时重新走向统一和"全球化"的呢?学界普遍认为,这发生在公元前的1000年间,德国学者雅斯贝尔斯提出的东西方圣哲辈出的"轴心时代",不过是这一历史进程的缩影而已。

但三千年来人类文化的同质性演进不是旧石器时代人类同质文化的再现,用美国历史学家约翰·R.麦克尼尔的话说,那是一种"复杂同质性"。他解释说:"人类历史是一个由简单同质性向多样性,而后又朝着复杂同质性的演进过程。在远古时代的东非地区,我们的祖先们生活在极为简陋的条件之中,形成了一个个小的群体,仅操着为数不多的几种语言,所遵循的生存策略也非常简单。实际上,随着各个人类群体逐渐地散布到世界各地,更为广泛的文化多样性形成了——更多的语言、不同的工具等等。后来,人类发展出更为复杂的社会,这主要反映在各种不同的政治组织形式之上,如部落、酋长国、城市国家和帝国等等。这种趋势朝着文化差异更大、成分更加混杂,恰似邻近的互不统一的社会海洋中的几座孤岛的方向演进。然而,这种趋势并不总是处于持续的状态之中。在某一时刻,这种趋势发生了倒转(本人估计这一时期位于公元前1000年到公元前1年之间)。互动的各种网络使文化的多样性开始降低,亦即语言和宗教信仰的种类越来越少,政权组织数量越来越少,政治组织形式也越来越少。随着诸网络的扩展和融合,复杂性成为一种原则,即新的统一性。最优化的实践经验向四方传播;各个社会都确定了一套相对狭窄的特征、信仰和制度,它们皆与范围广泛的互动网络之中的生活相适应。那些对此予以抵制的社会则被淘汰。多样性的程度大为降低。这一过程至今尚未完成且始终没有

---

[1] 张光直:《考古学专题六讲》,文物出版社1986年版,第21页。

停止的迹象。"①

《人类简史：从动物到上帝》的作者，尤瓦尔·赫拉利也认为公元前的1000年是人类走向统一的关键节点，当然全球融合的主要进程还是发生在过去几个世纪，特别是500多年前哥伦布"撞上"美洲以后。他认为公元前第一个千年里三种"全球秩序"的建立，是人类文化趋同的直接推动力。它们是：货币秩序，帝国秩序以及全球性宗教。他写道："公元前的1000年间，出现了三种有可能达到全球一家概念的秩序，相信这些秩序，就有可能相信全球的人类都'在一起'，都由同一种规则管辖，让所有的人类都成为'我们'。这三种全球秩序，首先第一种是经济上的货币秩序，第二种是政治上的帝国秩序，而第三种则是宗教上的全球性宗教，像是佛教、基督教和伊斯兰教。"②

尤瓦尔·赫拉利进一步解释道："商人、征服者和各教先知是最早跳出'我们'和'他们'这种二元区分的人。对商人来说，全球就是一个大市场，所有人都是潜在的客户，他们想建立起的经济秩序应该是全体适用、无处不在。对征服者来说，全球就是一个大帝国，所有人都可能成为自己的属民。对各教先知来说，全球就该只有一个真理，所有人都是潜在的信徒，所以他们也是试着要建立起某种秩序，希望无论谁都能适用。"③

站在历史的峰顶俯视，孔孟的天下观与基督教的普世性并没有本质上的不同，它们都是人类建立共同认知体系努力的一部分。人类文明的统一性不是一帆风顺的，而是充满了太多的暴力和血腥，但文明统一似乎是持久和平的唯一希望——但愿本书也成为这一伟大进程的一部分。

为了让读者更清楚地理解现代智人文化的发展进程，笔者制作了"智人文化演变示意图"。（如图0-14）显而易见，未来人类文化统一的关键是西方以《旧约》为基础的"一神宗教"与东方以中国内圣外王为基础的"人文道统"的统一。

---

① 〔美〕约翰·R.麦克尼尔、威廉·H.麦克尼尔：《人类之网：鸟瞰世界历史》，王晋新、宋保军等译，北京大学出版社2011年版，第312页。

② 〔以色列〕尤瓦尔·赫拉利，《人类简史：从动物到上帝》，林俊宏译，中信出版社2014年版，第167页。

③ 〔以色列〕尤瓦尔·赫拉利，《人类简史：从动物到上帝》，林俊宏译，中信出版社2014年版，第167页。

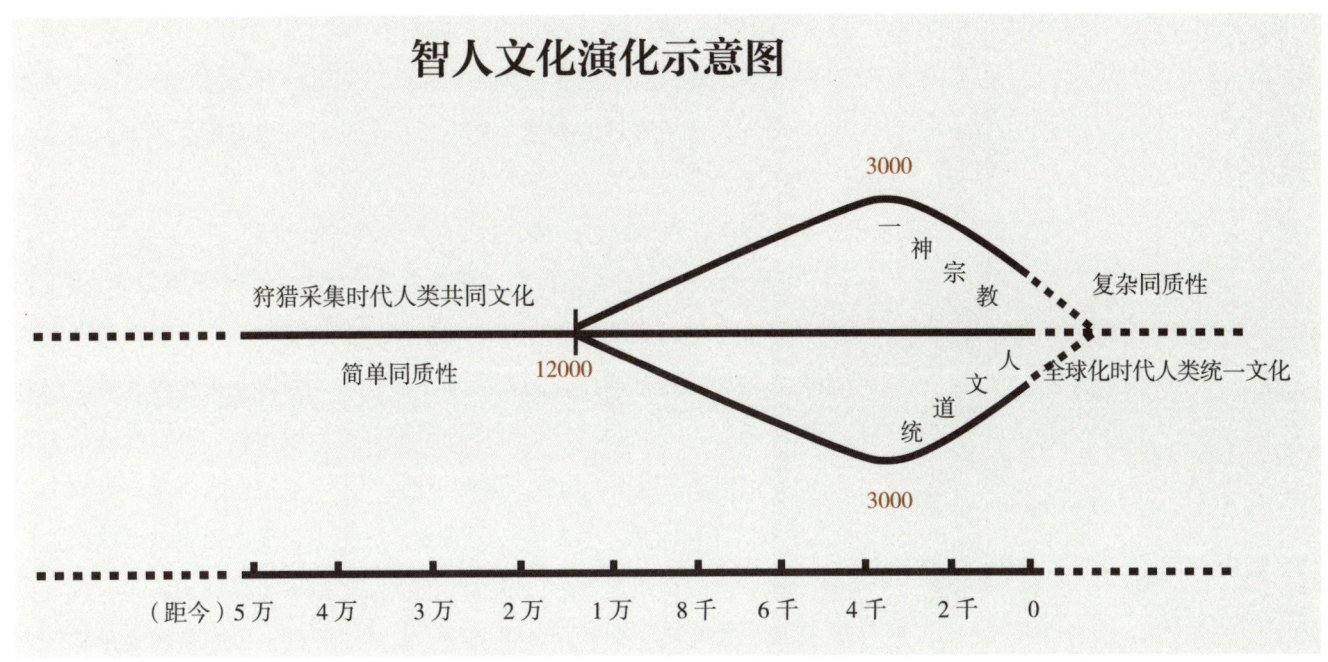

图 0-14 智人文化演变示意图——展现了过去六七万年人类文明演化的大趋势

三、狩猎采集时代的阴阳二元观念

共同的祖先，同质的文化，是狩猎采集时代智人社会的主要特点。那么，早期智人具有什么样的文化呢？

所有的证据近乎都指向同一种文化类型——萨满文化。

长期以来，很少有学者试图从整体上理解岩画，直到近三十年来，学者们才基本同意，狩猎采集社会创作的岩画同萨满活动相联系，包括萨满进入精灵世界时的经验。[①] 事实上，从神话理论到历法理论，从女神母亲理论到狩猎巫术理论，所以这些岩画创造的动机都可以纳入萨满文化之中。

迈克尔·威策尔教授也指出，最早讲述原始神话的应是萨满。[②] 威策尔教授的论断是符合现代民族学调查资料的。神话最初起源于萨满的神辞神赞，现代许多北方民族神话多来自有着"金子般的嘴"的萨满。这种"神话"与现代人理解的文学性"神话"完全是两种概念，富育光先生写道：

---

① James L. Pearson, *Shamanism and the ancient mind: a cognitive approach to archaeology*, AltaMira Press, 2002, P.115.

② Michael Witzel, *The Origins of the World's Mythologie*, New York: Oxford University Press 2012, P.422.

"萨满教中萨满所讲述的任何神的世界的事情，都不是娱乐性地讲解故事，随意编造。而是极其真诚和庄重地向本氏族人的传教与宣扬，认为是神界中实实在在存在或有过的事情，是不容怀疑的。在当时人类思维发展水平上，并不像我们今天对古代神话的感受，觉得幼稚可笑，或者不屑一听。而是非常郑重其事地讲述、倾听，祭祀与奉行着的观念。"[①]

"萨满教神话创造出来以后，萨满在历代承袭过程中不断丰富、润改、传讲。萨满依凭自己的智慧、才华和从事神职经验的深广，而在竭力增饰萨满教各方面的神祇神话，以媚诸神，以教族人，以此来强化其神道的宣扬而倍受尊崇。故此萨满'多于神祀时唱有关天地开辟，万物形成及人类起源的神话古歌，以娱人乐神，崇德极远。'"[②]

岩画学、神话学、考古学、民族学、分子生物学诸领域的研究都将智人走出非洲以后至新石器时代以前的人类文明定格于萨满文化，萨满文化是人类原始文化的主体形式。强调这一点是重要的，因为萨满文化不仅是中华文化的根，也是地球上所有文明的根——如果我们细致寻找，几乎能在全世界所有民族中找到或多或少萨满文化的因子。

在现代智人早期的萨满文化背景中，人类发展了二元观念。国际萨满教研究会主席米哈依·霍帕尔在《西伯利亚萨满教的宇宙象征》一文中写道："萨满的神话世界观总是在操作着庞大的对立思维，它尽可能地把每件事都赋予某种相反的形式，如黑—白，上—下，男人—女人，左—右，冷—热，光—黑暗。这些对立也存在于日常生活的社会结构中，而且没有例外。氏族组织，家庭和部落之间的关系，常常以这些术语，或以相反的术语来描述。"[③]

不过，萨满文化中的二元观念不同于现代西方的二元对立思维，它不是将一切都非黑即白地两分。米哈依·霍帕尔引用 V.V.Ivanov 的话说："世界神话模式的最主要特征之一是通过连接在一起的两极对立的线勾勒的世

[①] 富育光，《萨满教与神话》，辽宁大学出版社1990年版，第201页。
[②] 同上。
[③] 〔匈〕米哈依·霍帕尔：《西伯利亚萨满教的宇宙象征》，孟慧英译，载《中国吉林国际萨满文化学术研讨会论文集·萨满文化解读》，吉林人民出版社2003年版。

界图画。"①进而言之，萨满文化中的二元观念是两极"连接在一起的"，有相克的一面，也有相生的一面，这与中国传统哲学中的阴阳观念相通。

萨满文化普遍将世界分为上层世界和下层世界（也包括我们居住的中层世界），但二者没有后来西方一神教地狱、天堂的对立色彩，上层世界和下层世界有宇宙树相连，萨满是可以自由上下的。从萨满神服上看，也有诸多表现光暗与光明，男人与女人对立的设计，如萨满外罩用两种不同的颜色白—黑、红—黑组成，但萨满却具有雌雄同体的性质，也因此有解决矛盾的能力。

埃马努埃尔·阿纳蒂教授明确指出，至少在过去四万年里，二元化概念就在人类社会中牢固地建立了起来。在旧石器时代的原始先民看来，生与死，男与女，人与动物都具有二元性。他在提及西奈半岛北部内格夫的哈尔库姆拜祭场所时指出，这个可以追溯到40000至35000年（乃至更早）的遗址设计理念多具有二元特征。阿纳蒂教授写道："宇宙二元化观点出现在早期狩猎者的宗教和哲学概念中，这种二元观点通过圣所以及其他许多艺术作品而体现出来。从这种观点看，哈尔库姆的旧石器时代的圣所就很说明问题了：圣所所处的小山谷展示了两幅全景图——山的峰顶和下面的大平原；圣所里有自然形状呈人形和动物形的燧石碑；圣所保持了悬崖边天与地之间的平衡。二元观点就这样通过各种形式表现出来。"②

法国人类学家和史前考古学家安德烈·勒鲁瓦-古昂（André Leroi-Gaurhan）通过对旧石器时代的艺术主题和画面处理的数学统计，得出结论：早在三万年前，人类先民就在洞穴岩画中，以牛和马匹配的形式来表达雌雄二元的观念。（如图0-15）他说："无论是壁画还是雕塑，都含有大量的雄性形象与雌性形象（其表现方式或采取写实，或借助符号），它们被置于作品结构的中心。无数的宗教都把雄性形象与雌性形象当作中心要素而加以利用，因此对它们的解释也有无数的选择。除了这些形象外，统计表明还有一种野牛与马的匹配，或者常常是一对野牛与一对马相匹配，它们似乎是作为补充的两组动物。野牛与马之间往往出现第三种动物：猛犸，雄

---

① 〔匈〕米哈依·霍帕尔：《西伯利亚萨满教的宇宙象征》，孟慧英译，载《中国吉林国际萨满文化学术研讨会论文集·萨满文化解读》，吉林人民出版社2003年版。

② 〔法〕埃马努埃尔·阿纳蒂，《艺术的起源》，刘建译，中国人民大学出版社2007年版，第380页。

图0-15 法国拉斯科洞窟壁画中的马和牛（马代表雄性，牛代表雌性），距今15000年左右（图片来源：樊文龙：《世界美术全集·绘画》，光明日报出版社2003年版，第7页。）

鹿或羱羊。我们可以轻而易举地从中发现一些神话般的模式，其中双双结合的角色与第三种角色共起作用，而且这第三种角色本身也往往表现为成双配对。"①

所以说，完全不同于现代西方二元对立观念，在狩猎采集时代信仰万物有灵的萨满文化中，二元观念更类似于中国的阴阳观念，阴阳呈互补性特征，作为整体的一部分而存在。埃马努埃尔·阿纳蒂教授指出："在西班牙坎塔布里亚的山脉里，在法国多尔多涅，在戈布斯坦和坦桑尼亚，岩画

---

① 〔法〕安德烈·勒鲁瓦—古昂：《史前宗教》，俞灏敏译，上海文艺出版社1990年版，第171—172页。

中经常会出现两个动物的图案彼此相对地组合、排列在一起的情况，这些动物并非一定属于同一个物种。这两个动物实体实际上是相辅相成的一个整体的两部分。在旧石器时代艺术的其他作品中，人形和动物形的生灵即为互补之作。男人和女人、动物世界和人类世界、天与地、光明与黑暗、白天和夜晚、阴暗的洞穴和外面的世界，这些互补性的事物成对组合在一起而导致完整性。"①

非洲的民族学资料展示了同样的证据。在非洲一些部落，神并不像欧洲那样男性化了，神本身不具有男性或女性的特征，他们的神是超越男女二元对立观念的。克莱德·福特（Clyde W. Ford）在《非洲面孔的英雄：传统非洲的神话智慧》一书中介绍说：伦达（Lunda）人认为神是无法言说的。神不是人形的，当然也非男非女，不老不少。舒那（Shona）人描述的神则是"父亲、母亲、儿子"。我们这些早已陷入二元对立式思维的人无法理解非洲人的这种观念。②

神话学也提供了人类早期二元观念不同于西方二元对立思维的证据。迈克尔·威策尔教授评论道："在历史时期，劳亚神话存在着二元世界观的进一步发展，其顶点是琐罗亚斯德（约公元前1000年）。这为近东所有接下来的宗教打下了基础——犹太教、基督教和伊斯兰教，间接地，甚至为如马克思主义那样的意识形态打下了基础。他们都截然划分'善'与'恶'，这在以前允许存在'灰色'区域和转向（shifting loyalties）的神话中是没有过的。"③

令人感到不可思议的是，《易经》的作者也如古欧洲人一样用不同动物表达二元观念，且同样用牛和马表示。《易经·说卦传》中说："《乾》为马，《坤》为牛。"——看来，《易经》的某些观念直接来自于遥远的狩猎采集时代……

人类根深蒂固的二元概念，自然会催生出多种代表二元观念的艺术形式，其中最为引人注目的就是表达阴阳相生相克的——太极图。

---

① 〔法〕埃马努埃尔·阿纳蒂：《艺术的起源》，刘建译，中国人民大学出版社2007年版，第381页。

② 转引自叶舒宪：《千面女神》，上海社会科学院出版社2004年版，"导言"第18页。

③ Michael Witzel, *The Origins of the World's Mythologies*, New York: Oxford University Press 2012, P.415.

甲编　世界—太极

太极图不仅属于中国，属于亚洲，更属于全世界！作为人类阴阳观念的具象形式，今天东西方丰富多彩的文化都包含这一重要的文化因子。《周易·系辞下》云："天地之大德曰生。"或许正是因为蛇普遍代表着生生不息的生殖力、生命力，才使螺旋形盘绕的蛇成为表达一阴一阳、天道的太极图的原型。

太极图最早出现在黑海西部地区，随着人种的扩散散布到地球的各个角落，从中国西南部的山区一直到中美洲。由于时空上的隔离，这些拥有太极图的文化最后到了"相见不相识"的程度，要结束各民族心理上"老死不相往来"的心态，还有漫长的路要走。

我们需要以历史的眼光，世界的视野，重新评价以中国为中心的东方文化及西方文化的价值。未来人类和平的根本不是武器的先进，不是战略的高明，而是人类文化的转型。从古老的欧洲到生生不息的现代中国，我们惊喜地发现：阴阳和合——和平文化才是人类文明的真正底色——或许这是通过人类阴阳观念与太极图全球比较研究，笔者能告诉世人的最宝贵信息。

过去五百年来，西方资本主义的崛起和民族国家的出现带来巨大物质财富的同时，也对人类文化产生了很大的破坏作用，集中体现在以下几个方面：

首先，大量高度发达的文明体系被灭绝或被严重破坏。典型的是1492年，哥伦布偶然登陆美洲，新旧大陆的大规模交通展开以后，美洲文化被当作"异教"被系统毁灭。如1562年7月，在曼尼城（Maul，今墨西哥尤卡坦半岛美里达市南郊）中心广场上，西班牙神父狄亚哥·迪兰达（Diego De Landa）烧毁了成千上万的玛雅古籍抄本、故事画册和书写在鹿皮上的象形文字书卷，因为他认为书中记载的全是迷信和魔鬼的谎言。直到两百多年后，西方人才开始关注古代美洲文明，但除了太多的谜团，我们已经很难深入了解美洲广大地区曾经辉煌灿烂的文明体系了。

除了疯狂地焚书，现代西方文明摧毁其他古老文明主要通过学术教育。以中国为例，20世纪初，西方传教士和中国留学生通过将中国本土文化哲学化、史学化、专科化，几乎彻底摧毁了中国内圣外王一以贯之的道统。即使在21世纪"国学热"的今天，主流学界仍将以中国文化为研究对象的"西学"称为国学——名实混乱到了极点！

其次，现代民族国家形成的过程中，客观上要求不同族群心理上的民族认同，这使现代大多数学者在可能的情况下，尽力以本民族为中心构筑世界史和本国历史，其结果是各式各样的"中心论"。典型的就是过去几十年来遭到学界猛烈批判的"欧洲中心论"（或称"东方主义"）。

以民族国家为中心的研究学者，特别是人文领域的学者习惯于固步自封，画地为牢。他们研究方法倾向于"求异去同"，对人类文明中的共同、共通的各种元素视而不见。

这些人常常忽视一个基本事实：世界上没有纯粹的本土文化，也没有纯粹的外来文化，现代智人自从在六七万年前走出非洲，并迅速向全球扩张以来，人类不同地域族群的文化就是在互相交流、互相融合中发展的——除了荒无人烟的南极，整个地球就是不同文化因子自由流动的有机整体，没有纯粹的东方文化和西方文化，也没有纯粹的中国文化和玛雅文化——中华内圣外王的道统不仅是中国的，也是世界的。尽管不同民族在不同时段对人类文明都作出过重要贡献，但我们很难说哪个文明是高级的，哪个文明是低级的，不同文明都是人类重要文明成果适应不同环境的结果。

以中国文化研究为例。如果没有世界眼光，不能超越西周王官学以来长达三千年的中原汉地文化传统，我们很难理解中国文化的本质——遗憾的是，在21世纪的信息时代，宗教狂热、民族偏见、学科分界常常遮蔽理性的阳光。

最后，19世纪末流行起来的进化观念容易使我们对古代文化产生认识偏差，认为现代知识体系是先进的和理性的，越是古代其知识体系越是落后的，原始人总是生活在食不果腹的困苦之中。尽管大量事实表明，两三万年前的原始先民有着极高的灵性和非凡的艺术创造力，也有相当多的闲暇时间从事艺术创造，他们没有文字书写，却有着比现代人发达得多的

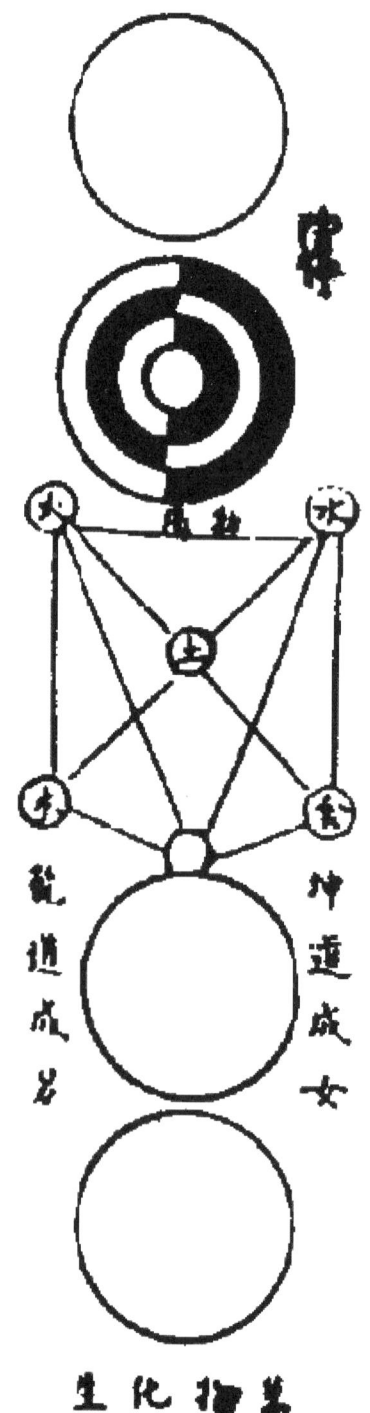

图1-1 周氏太极图（图片来源：张其成：《易图探秘》，中国书店1999年版，第178页。）

口头文化传统。在南部非洲的布须曼昆人部落，"虽然这些游牧民不会读书、写字，但他们能够学习和记忆——而且达到这样的程度：若将他们经由口头世代相传的广闻博识写成书，估计可写出数千卷。"①

科学家先入为主地把原始人万物有灵思想当作迷信，但这只是一个未经证实的信条。美国萨满基金会的的迈克尔·哈纳博士和山德·哈纳博士撰文指出："自然科学从来没有反驳过精灵存在的理论……由于自然科学的不参与，使得关于精灵存在的研究主要留给了萨满。超越数千年，在独立地产生于不同的五个大陆的无数不同文化中，他们和处于生死关头的病人一起进行了无数次的医疗试验，试验的结果始终如一地支持精灵实在的理论。因此之故，遍及世界的本土萨满实践的基本原理是异常一致的。"②

比较起来，现代人实际上灵性水平更低了，而理性知识更多了，甚至到了信息爆炸的程度。

人们忘记了一个基本事实：包括科学技术在内的文化是人类适应环境的结果，人类早期的知识及知识传承体系亦有其高明之处。面对埃及金字塔以及世界各地恢弘的巨石建筑，我们就知道古代的科技水平在某些方面同样高超——我们有足够的理由怀疑，现代人类是否还有创造经典的旺盛能力——如同两千五百年前轴心时代东西方先贤一样！

在对中国文化，特别是《易经》的研究中，笔者深深体会到，只有跨越国家边境、民族界线和学科壁垒，我们才能对中国文化有个粗浅的了解。

众所周知，阴阳观念是中国文化的核心，"阴阳鱼"太极图是它形象化、艺术化的表达。"常识"告诉我们：

公元1134年，理学家朱震（1072—1138年）在为宋高宗讲解《周易》时，第一次向高宗展示了北宋学者周敦颐所传的太极图（如图1-1），朱震在其《汉上易传·表》中明言此图传自北宋道士陈抟。

周敦颐因此图作《太极图说》。周氏太极图由多图构成，与后世流行的"阴阳鱼"太极图相差极大。周氏太极图主要是来自旧本《参同契》的"水火匡廓图"（如图1-2）和"三五至精图"（如图1-3），清代学者毛奇龄

---

① 〔美〕L.S.斯塔夫里阿诺斯：《远古以来的人类生命线：一部新的世界史》，吴象婴等译，中国社会科学出版社1992年版，第27页。

② 〔美〕迈克尔·哈纳、山德·哈纳：《萨满医疗的核心实践》，郭淑云译，收入《中国吉林国际萨满文化学术研讨会论文集·萨满文化解读》，吉林人民出版社2003年版。

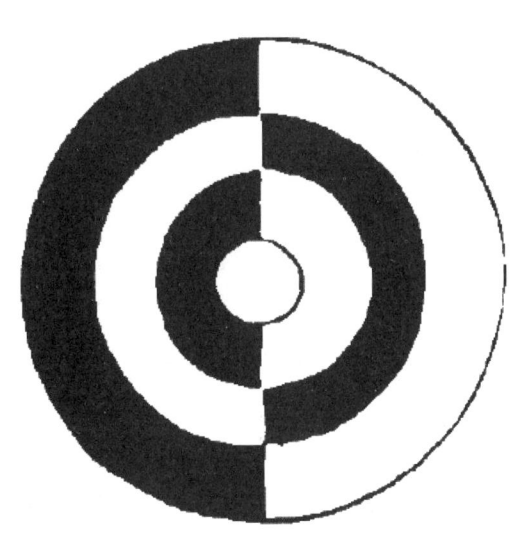

图1-2 道家所传水火匡廓图（图片来源：张其成：《易图探秘》，中国书店1999年版，第181页。）

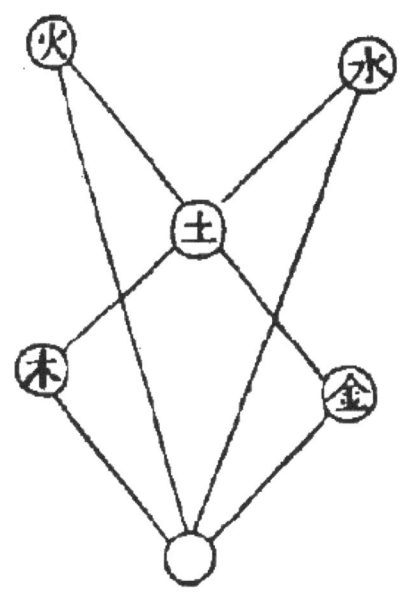

图1-3 道家所传三五至精图（图片来源：张其成：《易图探秘》，中国书店1999年版，第181页。）

（1623—1716年）对此曾详加考证。[①]

太极图传自道家的说法让一代儒宗朱熹大为不满，他根据周敦颐的朋友潘兴嗣为周所作的墓志铭判断：太极图实为周敦颐自作！该墓志铭相关部分写作："（周）深于易学作太极图易说易通数十篇。"

朱熹断句为："（周）深于易学，作太极图、易说、易通数十篇。"问题是，周敦颐根本没有作过《易说》，他以易阐述儒学，深得孔门心法要领，作《太极图易说》和《易通》两篇，即现在我们看到的《太极图说》和《通书》。事实是连朱熹本人都没有见过子虚乌有的《易说》。所以这段话本应断句为："（周）深于易学，作《太极图易说》《易通》数十篇。"

后来，太极图源自道家还是周氏自作的争论竟然千年不绝，一直持续到近代。[②]

事实上，至少从目前拥有的文献资料来看，我们很难确定周氏太极图

---

① 张其成：《易图探秘》，中国书店1999年版，第180—181页。
② 张其成：《易图探秘》，中国书店1999年版，第182—184页。

的基本图式到底来自哪里。《宇宙人文论》是彝族记述宇宙生成，万物产生的天文历法典籍，其中一篇题为《实勺的产生》，讲天地产生和五行生克关系，附图如下：

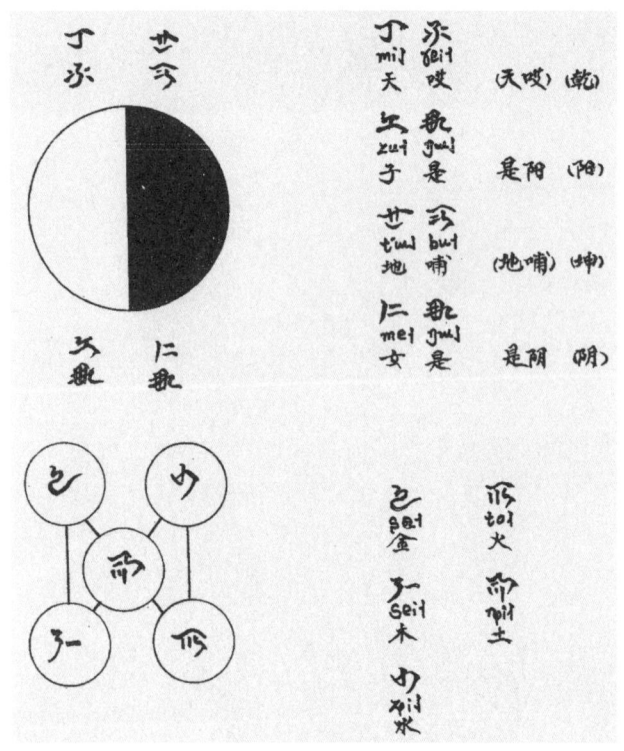

图1-4 彝族经典中的阴阳五行示意图（图片来源：《宇宙人文论》，陈英、罗国义翻译，民族出版社1984年版，第83页。）

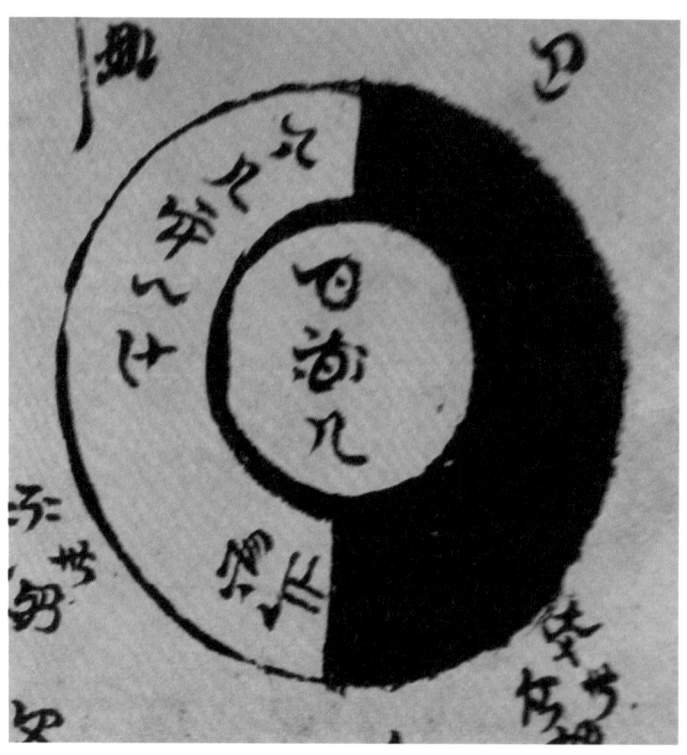

图1-5 彝族古籍《宇宙人文论》中更似水火匡廓图的图片（图片来源：王继超、陈光明主编：《彝文典籍图录》上，贵州民族出版社2013年版，第227页。）

不难看出，（图1-4）与道家水火匡廓图和三五至精图没有根本的差别。在其它版本的《宇宙人文论》中，有些表达阴阳概念的图示更像水火匡廓图。（如图1-5）

由于周氏太极图构图较为复杂，所以流传不广。世人皆知的"阴阳鱼"太极图最早出现在南宋张行成的《翼玄》中，当时称为"易先天图"。（如图1-6）明末，学者章潢、赵仲全称此图为"古太极图"——由此，太极图真正实现了"名实相副"。

图1-6 南宋张行成《翼玄》中的易先天图（图片来源：张其成：《易图探秘》，中国书店1999年版，第193页。）

今天，张行成所收录的太极图成为人类最熟悉的符号之一，早已超越国界——韩国人和蒙古人甚至将它放到了国旗上。（如图1-7）

图1-7 韩国国旗（左）和蒙古国国旗（右）（图片来源：张云山：《伏羲之道》，岳麓书社2015年版，第95页。）

然而，无论是爱国的韩国人，还是渊博的中国易学家，几乎都不会想到：太极图不仅属于中国，属于亚洲，更属于全世界！作为人类阴阳观念的具象形式，今天东西方丰富多彩的文化都包含这一重要的文化因子。

为了给读者一个整体印象，笔者以世界各地典型的太极图形式为标志，作了下面这张"古代太极图全球分布示意图"。（如图1-8）

图1-8 古代太极图全球分布示意图（从这张图上我们能够看出，太极图不是世人随意画出的，它的分布有明显的规律。规整的"阴阳鱼"太极图只分布在欧亚大陆和中美洲的玛雅文化中；西伯利亚、非洲及世界各地的萨满文化中，还保存着太极图最原始的形式多层螺旋，代表盘蛇；大洋洲和南、北美洲的太极图纹饰发育得不是很完全，没有看到"阴阳鱼"太极图。）

一、太极图的史前文明之根

首先需要指出的是,太极图被称为"阴阳鱼"是对太极图自身的极大误解,因为它的原形不是鱼,而是蛇——具有神性、代表生生之道的灵蛇——由此我们不妨给太极图下个定义:太极图是代表一阴一阳生生之道的灵蛇盘绕而成的符号。

尽管在印度和中国都有双鱼互相盘绕的形象,但那与"阴阳鱼"太极图却没有直接联系。(图1-9)是佛教八瑞像之一双鱼,它代表觉悟者无拘无束,亦无恐惧。

世界上,很少有动物像蛇这样从数万年前萨满文化时代就受到地球上众多民族的崇拜,并成为人类阴阳观念的象征——满族萨满专家富育光先生曾明确告诉笔者:"蛇是萨满教的最高崇拜!"

在满族萨满文化中,蛇蟒(满族认为:八尺为蛇,九尺为蟒)集太阳神、光明神、生殖神、保护神于一身。满族尼玛察氏大萨满杨世昌说过,祭祀蛇神,可以治疗妇女经血症,可祈求生子。正因为蛇蟒被视为生殖神,世界不同地方蛇神神偶通常都是成对的,蛇的图像多是两蛇盘缠。①

金芭塔丝在《女神的语言》

图1-9 民间装饰上的佛教八吉祥象征之一双鱼
(图片来源:作者2016年6月24日摄于青海省德令哈市。)

---

① 李铮强:《中日原始信仰中蛇崇拜的生存意识》,收入《中国吉林国际萨满文化学术研讨会论文集·萨满文化解读》,吉林人民出版社2003年版。

中专辟一章论蛇，谈到蛇在古欧洲象征系统中的作用，她写道："蛇是一种生命力，是一种影响深远的象征符号，同时也是这个世界上生命崇拜的典范。蛇的身体并不是神圣的，神圣的是这种蜿蜒而行或盘成一团的动物所分泌出的能量——这种动物超越了自身的边界并影响到周围世界。同一种能量也在螺旋、藤蔓、生长中的树木、阴茎和石笋中存在，但在蛇的身上尤为突出，蛇也因此而更为强大。蛇是某种原始而神秘的动物，它来自生命水的深处。蛇不但能通过季节性的蜕皮而获得新生，还会冬眠，这使它成为生命延续以及与冥府相联的一种象征。"①古欧洲人关于蛇的观念在某种程度上是人类萨满文化传统的延续。

《周易·系辞上》云："生生之谓易。"《周易·系辞下》云："天地之大德曰生。"或许正是因为蛇普遍代表生生不息的生殖力、生命力，才使螺旋形盘绕的蛇成为表达一阴一阳、天道的太极图的原型——在立陶宛语中，"蛇"字的意义就是生命之力！②

最早将蛇与螺旋联系在一起的，是距今约24000年的俄国西伯利亚马耳他遗址先民。马耳他遗址位于伊尔库茨克州贝加尔湖以西Angara河上游，距伊尔库茨克市100公里。1927年该遗址由萨维利耶夫偶然发现，1928年开始发掘，至1995年共发掘了七次。

马耳他遗址发现了十余座房址，最大的房子达84平方米，用猛玛象的大肢骨和大石块支撑，外边当蒙以兽皮。房子内部存在分工，男人和女人各占一半。长期从事西伯利亚旧石器时代考古研究的俄国拉里切夫院士描述说："一套狩猎工具和石制劳动工具分布在门的左侧和灶处，妇女爱干净，从事家内劳动，占据右半，男子占据左半。"③可见当时的人类已经有明确的二元观念。

马耳他遗址具有明显的萨满文化特征。吉林大学边疆考古研究中心的冯恩学教授因此将萨满教的产生上推到马耳他文化时期。他写道："在马耳他文化时代，祖先崇拜、动物崇拜、自然崇拜皆已产生，马耳他人已有了

---

① 〔美〕马丽加·金芭塔丝：《女神的语言：西方文明早期象征符号解读》，苏永前、吴亚娟译，社会科学文献出版社2016年版，第132页。
② 〔美〕马丽加·金芭塔丝：《女神的语言：西方文明早期象征符号解读》，苏永前、吴亚娟译，社会科学文献出版社2016年版，第133页。
③ 冯恩学：《俄国东西伯利亚与远东考古》，吉林大学出版社2002年版，第9页。

复杂的原始宗教祭祀方式。今日的萨满教，是北亚土著原始宗教的遗留形态，随着社会和环境地变迁而不断变化。萨满教产生的时间至少可上推到旧石器时代晚期的马耳他文化时代。"①

在马耳他遗址出土了一件猛犸象牙的长方形骨板，中部是旋转7层的螺旋纹，两侧还有多个整体呈S形的双螺旋纹；另一面则是三条呈之字形的蛇——将蛇与螺旋联系在一起，用螺旋代表蛇，这后来成为全世界主要文明装饰艺术的一个重要特征。(如图1-10、1-11)

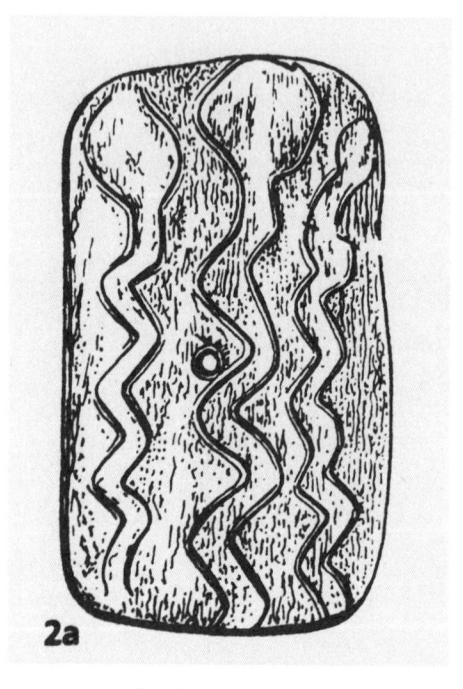

图1-10 马耳他遗址出土的猛犸象牙长方形骨板，中间有眼儿，当为悬挂物，此面为蛇纹（图片来源：Marija Gimbutas: *The Language of the Goddess*, Harper San Francisco, 1989, p89.）

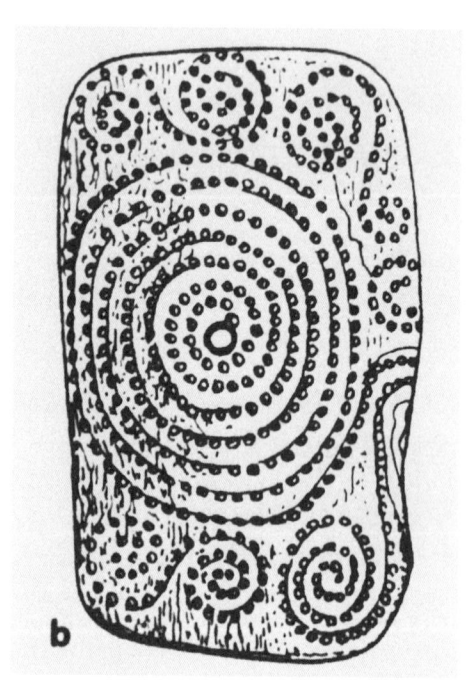

图1-11 马耳他遗址出土的猛犸象牙长方形骨板，此面中部为7层螺旋纹，两侧是S形纹（图片来源：Marija Gimbutas: *The Language of the Goddess*, Harper San Francisco, 1989, p89.）

拉里切夫院士认为螺旋纹是旧石器时代晚期的日历，反映的是雌性北方鹿的孕期。如果是日历，何以同蛇纹放在一起？这几乎无法解释。

笔者认为，我们应该从马耳他文化的萨满特性上去认识这些图案。首

---

① 冯恩学：《俄国东西伯利亚与远东考古》，吉林大学出版社2002年版，第37—38页。

先，从南非到中国的萨满文化中，蛇都是萨满通神时的重要精灵助手。南非萨满认为需要时自己必须化为蛇，才能生存；①满族萨满神话中蛇打通了沟通天上天下的孔道。②

之字形蛇在萨满艺术中更是司空见惯。（图1—12）是萨满治病用的"窝克多西瓦单"，汉译为"医生神罩""药影"，上面绘有各种萨满精灵助手，它们帮萨满为族众驱害治病。左边是四条之字形蛇，右边是三条。

在萨满鼓上，多有双蛇图案，这对人类艺术产生了深远的影响，其中双蛇交尾像、神或人双手持蛇像最为普遍——神或人双手持蛇像从中国古代至古希腊，从古埃及到古印度，从两河流域的苏美尔人至南美的纳斯卡人，皆有这类图像，艺术家段守虹先生在搜集全世界大量双手持蛇像后不禁问道："从世界范围的人类文化中考察神或人双手持蛇的形象，都包含着神圣与威严的象征，几乎贯穿了整个上古时代的文明史。是什么样的深远影响，使分散在地球各个角落的人们，共同记忆着一个充满无穷威力的仪式？"③

而萨满在进入通神状态时，会感知宇宙魂气，其具体形象类似马耳他猛犸象牙骨板上的多层螺旋。（图1—13）是吉林永吉乌拉街萨满罗汝明老人绘制的"宇宙魂气旋动图"。富育光先生介绍说："罗汝明，已66岁，23岁当萨满，讲了不少特异感知的体会，而且激动时给我画了他跳神转'迷溜'时眼前感受到突然出现数不尽的各色小花，跳动得格外耀眼好看，而且奇怪地为我画出转'迷溜'时的宇宙魂气旋动图来。近年来我翻开当年的笔记，发现与米哈依·霍帕尔博士发表的魂气旋涡图很近似，反映共有的幻化性质。"④

马耳他遗址猛犸象牙骨板正反两面描述的图像都与萨满文化相关。后来，蛇与螺旋纹结合，成为新石器时代东欧太极图形成的滥觞——在中国

图1-12 萨满治病用的"窝克多西瓦单"（图片来源：富育光，《萨满艺术论》，学苑出版社2010年版，第159页。）

图1-13 吉林永吉乌拉街萨满罗汝明老人绘制的"宇宙魂气旋动图"，萨满昏迷后，眼前形成此类象（图片来源：富育光，《萨满艺术论》，学苑出版社2010年版，第113页。）

---

① J. David Lewis-Williams, *A Cosmos In Stone: Interpreting Religion and Society Through Rock Art*, AltaMira Press, 2002, P.112.
② 富育光、孟慧英：《满族萨满教研究》，北京大学出版社1991年版，第169页。
③ 段守虹：《灵蛇图像：情结与象征》，陕西出版传媒集团、陕西人民美术出版社2014年版，第5页。
④ 富育光：《萨满艺术论》，学苑出版社2010年版，第112—113页。

彝族中，多层螺旋纹本身就是太极图（彝语叫"输必孜"）的一种。

盘绕的蛇是太极图的本来面目。至晚在八千五百年前，在土耳其安那托利亚山区的恰塔尔·休于（Catal Huyuk）古城遗址中，我们就发现有类似太极图的螺旋纹印章。（图1-14）这类纹饰在六七千年前已经遍布欧洲广大区域，成为古欧洲文化的重要特征。金芭塔丝教授写道："在古欧洲的陶器上，'蛇主题'的重要性不断增强，直到公元前5000—前4000年达到顶峰，其象征意义的突出激发了'蛇螺纹艺术'的发展，也成为公元前5千纪时古欧洲的特征。蛇盘和蛇螺纹所提供的装饰的可能范围似乎不断地激发起欧洲艺术家们的兴趣。"①

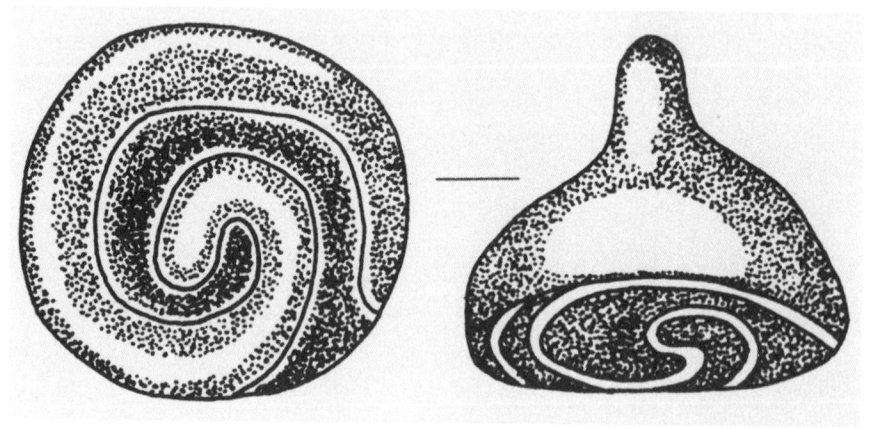

图1-14 恰塔尔·休于出土的类似太极图的螺旋纹印章，年代6500 BC（图片来源：Marija Gimbutas:*The Language of the Goddess*, Harper San Francisco, 1989, p123.）

金芭塔丝教授在《女神的语言：西方文明早期象征符号解读》一书中讨论古欧洲的象征体系时，并没有提到太极图这个概念，她将之称为"反向螺旋纹"或"（反向）蛇首纹"，实际上就是太极图，并专有一章论及。她注意到，太极图是古欧洲对生命礼赞的主要符号，代表生生不息的生命孕育。她写道："反向螺旋纹、新月纹和蛇首纹是意在促进孕育过程的几种纹饰。这种遍及整个古欧洲的母题，在印章、饰板、祭坛、盘子、装饰繁复的陶瓶、拟人形陶瓶以及小雕像上都遇见过。在米诺斯、基克拉迪群岛和迈锡尼艺术中，它完整地延续了下来。它在印章上的独立出现，以及作为主要母题在彩陶瓶上的出现，表明其作为一种特殊符号的重要意义。反

---

① 〔美〕马丽加·金芭塔丝：《女神的语言：西方文明早期象征符号解读》，苏永前、吴亚娟译，社会科学文献出版社2016年版，第133页。

向蛇首纹或瓶口周围的两对蛇纹往往是陶器纹饰中的唯一母题。在布加勒斯特（Bucharest）附近泰尤（Teiu）遗址的一件陶瓶上，两对蛇在'旋转着生命之轮'，与这两对蛇相关的还有几件公牛小雕像，它们是生命力的象征。"①

金芭塔丝教授特别提到了罗马尼亚的库库泰尼遗址，并附有多幅"太极图"纹饰。她写道："在库库泰尼遗址 A 期的瓶画上，发现许多精美的反向蛇纹或螺旋形蛇首纹，它们是画面的中心主题。这种促发生命的成对符号也出现在小雕像和拟人形陶瓶的腹部、肩部和臀部。"②

（图 1-15）是金芭塔丝教授提供的一张"反向蛇盘纹"图片，实际上就是边缘开放的太极图。这是一件陶瓶的细部特写。

在史前时代，很少有一种文化如东欧特里波利耶－库库泰尼文化遗址一样，具有如此众多的"太极图"纹饰——正是在这个文化中，太极图演

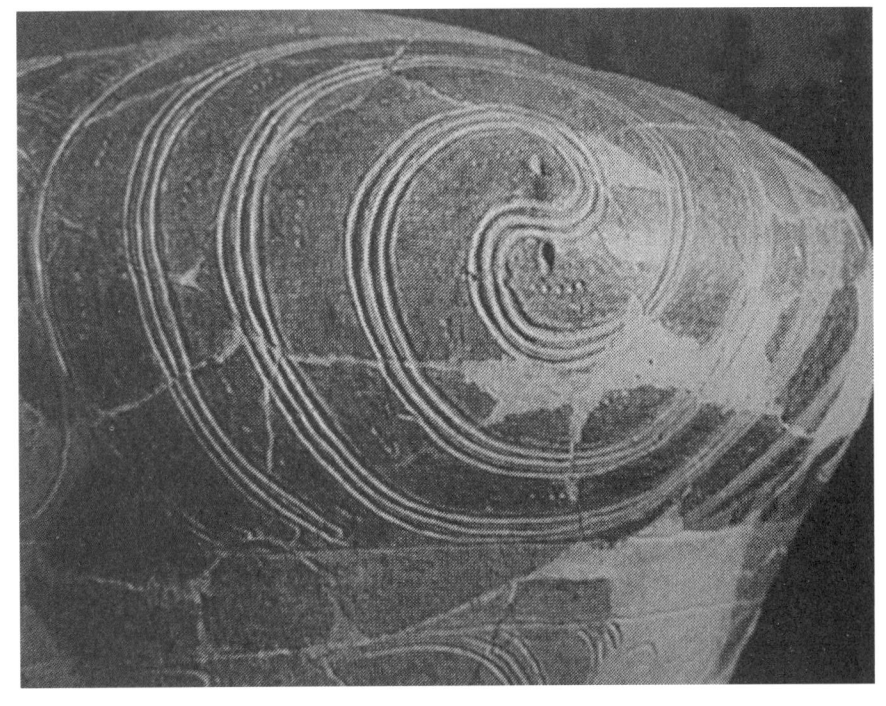

图 1-15 原图说明："一件大型梨形瓶上装饰着反向蛇盘纹，蛇的轮廓用白色凹纹呈现。库库泰尼 A2（特鲁塞斯提，罗马尼亚东北部；公元前 45—前 44 世纪）。"（图片来源：Marija Gimbutas: *The Language of the Goddess*, Harper San Francisco, 1989, p294.）

---

① 〔美〕马丽加·金芭塔丝：《女神的语言：西方文明早期象征符号解读》，苏永前、吴亚娟译，社会科学文献出版社 2016 年版，第 352 页。

② 〔美〕马丽加·金芭塔丝：《女神的语言：西方文明早期象征符号解读》，苏永前、吴亚娟译，社会科学文献出版社 2016 年版，第 352—353 页。

化成形!

特里波利耶－库库泰尼文化是东欧铜石并用时代的文化，19世纪末分别被发现于乌克兰境内的特里波利耶遗址和罗马尼亚境内的库库泰尼遗址，并因此得名。该遗址主要分布于罗马尼亚东喀尔巴阡山至乌克兰第聂伯河中游一带，跨乌克兰、摩尔多瓦、罗马尼亚三国。（如图1-16）

特里波利耶－库库泰尼文化的年代划分学界有较大分歧，大体包括三个阶段，即：

早期：4800 至 4000 BC（前库库泰尼 I–III 至库库泰尼 A–B；特里波利耶 A 至特里波利耶 BI–II）

中期：4000 至 3500 BC（库库泰尼 B；特里波利耶 BII 至特里波利耶 CI–II）

晚期：3500 至 3000 BC（特里波利耶 CII）

特里波利耶－库库泰尼文化十分发达，居住区建在河流附近，房屋布局通常呈同心圆形。面积常在5公顷以下，中、晚期屡见10公顷以至数百公顷的大遗址。有的地区流行2~3层楼房，房内常设灶、碾谷草泥台和贮藏窖。

该文化与喀尔巴阡山－多瑙河地区及巴尔干地区有较密切的联系。这里的彩陶及铜器制作技术即来自多瑙河下游地区。

图1-16 特里波利耶－库库泰尼文化的分布（图片来源：Mysteries of Ancient Ukraine: *The Remarkable Trypilian Culture 5400—2700 BC*, published by Royal Ontario Museum, Canada, 2008, p12.）

乌克兰科学院考古协会（Institute of Archaeology, Ukrainian Academy of Sciences）的波尔多（N.B.Burdo）女士是唯一对该地区太极图演化作了细致考察的学者，十分遗憾的是，笔者在2016年4、5月间访问乌克兰时，由于时间关系竟然没有能够亲自拜访她。

乌克兰"兰华"文化研究中心董事会主席尤里·考迪克（Yuriy Kotyk）先生赠我两大卷本的《特里波利耶文化百科全书》（Encyclopedia of the Trypillian Civilization）光盘，该书由联合国教科文组织和乌克兰文化部支持出版（基辅，2004年）。《特里波利耶文化百科全书》上卷收录了Burdo女士的《乌克兰特里波利耶文化的神秘世界》一文，作者搜集了大量灵蛇太极图纹饰，（如图1-17），并对这些纹饰的演变过程作了细致地分析。

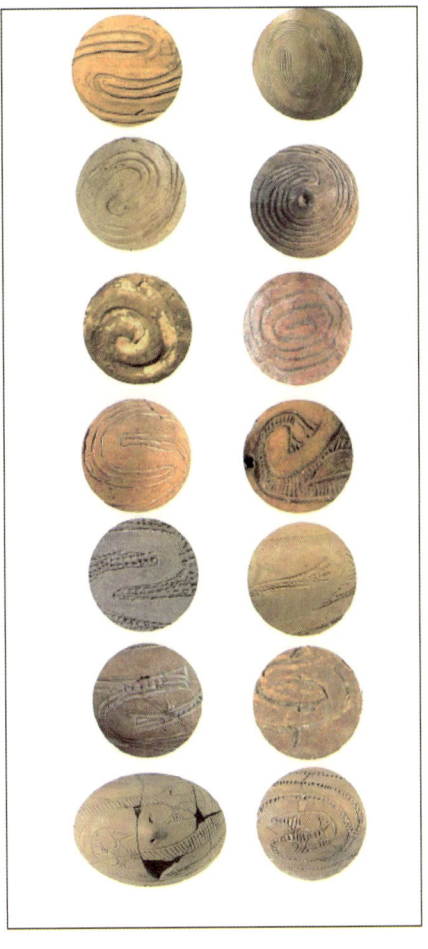

图1-17 乌克兰特里波利耶文化陶器上的灵蛇太极图纹饰（图片来源：《特里波利耶文化百科全书》（上卷），第400页。）

对于灵蛇太极图的最初形态，波尔多（Burdo）女士写道："在乌克兰特里波利耶文化早期阶段，容器上常可见蛇形图案，装饰品的质地纹理很深。这些图案的主要特征是：蛇头风格多样，有时又与真实原形毫无关联。出土的陶罐上有蛇形图案，这些原始图案上蛇的眼睛硕大……"[①]

图 1-18 "眼睛硕大"的盘蛇纹饰，年代：5000—4500 BC，出土地点：乌克兰 Odessa 省（图片来源：*Mysteries of Ancient Ukraine: The Remarkable Trypilian Culture 5400-2700 BC*, published by Royal Ontario Museum, Canada, 2008, p224.）

约在公元前 4000 多年前，灵蛇太极图脱离盘蛇形态。波尔多（Burdo）女士接着写道："在乌克兰特里波利耶文化的 B1 阶段，此时陶罐上绘制的蛇的构图与此前阶段蛇的构图相比已经大相径庭。这一时期陶罐上蛇基本都是 S 形，就像螺旋带旋转一样，同时绘画的颜色也各不相同……结构方面，陶罐上绘制的蛇都是成双成对的，特别是头部中间有小涡儿，看起来很像中国阴阳的形状。"[②]

笔者在乌克兰考察特里波利耶文化的过程中，深深为太极图纹饰的丰富多彩而震撼。也看到了诸多"头部中间有小涡儿，看起来很像中国阴阳

---

① ［乌克兰］N.B.Burdo：《乌克兰特里波利耶文化的神秘世界》，载《特里波利耶文化百科全书》（上卷，基辅），2004 年。

② 同上。

的形状"的太极图。2016年4月22日，笔者在乌克兰国家历史博物馆（the National Museum of the History of Ukraine）看到多个这样的纹饰。（如图1-19）

笔者注意到，灵蛇太极图中间的"小涡儿"常常被古特里波利耶人艺术化，使太极图本身显得更加灵动，更具有生命力。（如图1-20）金芭塔丝教授曾以散文般的笔调写

图1-19 乌克兰刻有"灵蛇太极图"纹饰的陶罐，年代约距今6000年（图片来源：2016年4月22日易华教授摄于乌克兰国家历史博物馆。）

图1-20 太极图中间的"小涡儿"艺术化为柳叶形（图片来源：2016年4月22日笔者摄于基辅亚历山大·波依丘克私人博物馆。）

道："对生命的礼赞是古欧洲思想和艺术的主导母题。这里没有任何死气沉沉的景象，生命力以蛇、螺旋或旋涡的形态变动不居。"①真是这样啊！

另外，特里波利耶先民还流行一种更能表达"太极生两仪"，"一生二"观念的太极图纹饰，它阴阳两部分共绕一圆旋转，此圆有大有小，圆内有时亦填充漂亮的几何纹饰，整个画面极具阴阳相生的动感。（如图1-21）

上面这类图与明代易学家来知德（1525—1604年）所画的太极图有异曲同工之妙。（如图1-22），来氏称此图为"圆图"，他认为"易以道阴阳，其理尽此矣"，并作"弄圆歌"一首云："我有一丸，黑白相和。虽是两分，还是一个。大之莫载，小之莫破。无始无终，无右无左。八卦九畴，纵横交错。今古参前，乾坤在座。尧舜周孔，约为一堂。我弄其中，琴瑟铿锵。孔曰太极，惟阴惟阳。是定吉凶，大业斯张。形即五行，神即五常。惟其能圆，

图1-21 阴阳两部分共绕一圆旋转的太极图，中间的圆高度艺术化了，极富表现力（图片来源：2016年4月22日易华教授摄于基辅亚历山大·波依丘克私人博物馆。）

---

① 〔美〕马丽加·金芭塔丝：《女神的语言：西方文明早期象征符号解读》，苏永前、吴亚娟译，社会科学文献出版社2016年版，第385页。

图1-22 来知德所作太极图,此图未能流行(图片来源:张其成:《易图探秘》,中国书店1999年版,第201页。)

是以能方。孟曰如此,有事勿忘。名为浩然,至大至刚,充塞天地,长揖羲皇。"①

——来氏能悟大道不二之至理,特里波利耶-库库泰尼文化先民亦悟此乎?

这是完全可能的。

因为在新石器时代,蛇已经成为智慧的象征,古欧洲人很可能也用盘绕的蛇——灵蛇太极图表达天道。金芭塔丝教授评论道:"自从公元前7千纪以来,王冠是蛇女神像中最持久的特征。这种特征在欧洲民俗中延续了下来,人们认为有些蛇戴着王冠出现,这些王冠是智慧和财富的象征。如果有人与某条巨大的白蛇搏斗,他会获得能使人知晓一切的王冠,看见隐藏的珍宝,还会理解动物的语言。"②

图1-23 希腊克里特岛出土的呈瑜伽坐姿的蛇女神雕像。年代:公元前6000年—公元前5500年(图片来源:Marija Gimbutas: *The Language of the Goddess,* Harper San Francisco, 1989, p126.)

考古学同样证明,早在新石器时代,修习智慧的瑜伽已经在欧洲萌芽。欧洲出土了多尊呈瑜伽式的戴王冠蛇女神雕像。(如图1-23)

---

① 来知德:《易经来注图解·太极图》,收入施维等主编:《周易图释大典》,中国工人出版社1994年版,第819页。

② 〔美〕马丽加·金芭塔丝:《女神的语言:西方文明早期象征符号解读》,苏永前、吴亚娟译,社会科学文献出版社2016年版,第149页。

甲编　世界—太极

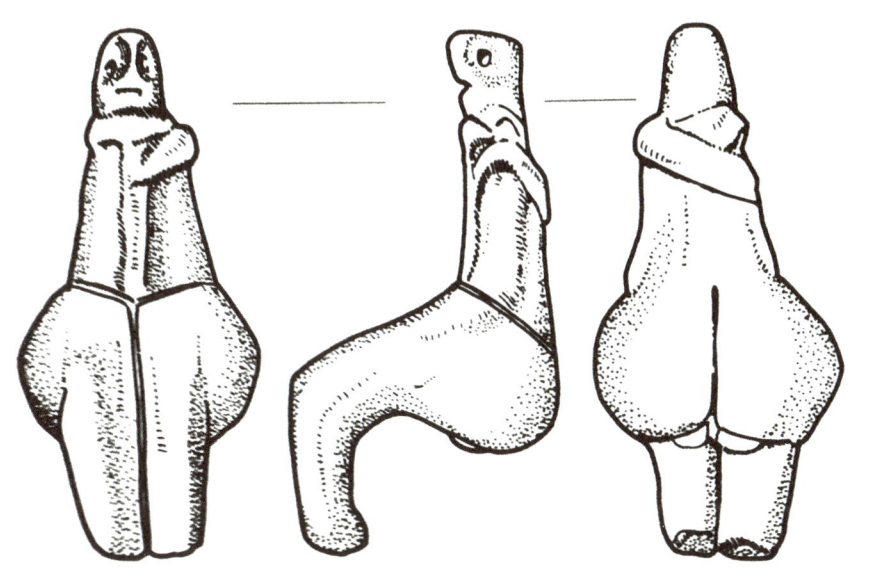

图1-24 库库泰尼文化遗址出土的练习瑜伽的蛇女神雕塑不同侧面。年代：公元前4800—公元前4600年（图片来源：Marija Gimbutas: *The Language of the Goddess*, Harper San Francisco, 1989, p126.）

（图1-24）是罗马尼亚库库泰尼文化遗址出土的坐在凳子上的蛇女神雕塑。她长着一双类蛇的头，手臂如蛇一样盘在肩部。对此，我请教瑜伽师祖亦（陆翊）女士："瑜伽中有手臂如蛇一样绕肩部的动作吗？"她肯定地回答："瑜伽中有这样的练习！"

如果我们细致观察，就会发现不带中间"小涡儿"的灵蛇太极图实际是由一条蛇盘绕产生的，阴阳相生，另一条蛇是第一条蛇的"影子"。在特里波利耶－库库泰尼文化某些陶器上，我们能清楚地看到这一点。（如图1-25）

图1-25 乌克兰特里波利耶文化遗址出土的陶片，注意右边的灵蛇太极图。年代：4500—4000 BC（图片来源：2016年4月21日作者摄于乌克兰科学院考古博物馆。）

《易传·系辞上》云："易有太极，是生两仪。"《老子》云："道生一，一生二。"

换言之，二而一，一而道——有志于修习大道智慧者，当于此处细参！

与后来的"阴阳鱼"太极图比较，特里波利耶－库库泰尼文化灵蛇太极图的重要特点是边缘开放，残存更多灵动蛇形的痕迹，没有圆圈作为边界——这或许更能体现天道生生不息的特点。

公元前4300年—前2800年，随着库尔干人（当为原始印欧人）的不断入侵，包括特里波利耶－库库泰尼文化在内的古欧洲文化及其符号象征体系退出了历史舞台。然而，表达人类阴阳观念的灵蛇太极图却逐渐散布到世界各地，并在东西方演化成为外缘闭合的"阴阳鱼"太极图。

二、灵蛇太极图在中国

研究中国的阴阳观念及其艺术表达形式太极图的流布，必须注意以下三个问题。

第一，太极图并不等于阴阳观念，太极图在中原地区出现是在12世纪以后，但中国却是世界上唯一将自己的文明体系建立在阴阳观念基础上的文化。换言之，阴阳观念不等同于太极图，见微知著，通过太极图我们能了解人类不同文明之间的相互影响，却不能通过太极图出现的早晚来判定这个文明的发展程度。

第二，将古代文化遗存归为现代哪个民族要特别谨慎。因为族群在历史上是流动的，若原先地处中原的族群迁徙到了边疆地区，他们当然也是中原考古遗存的创造者。比如彝族用于驱邪的木雕吞口，上面的虎首人面纹与新石器时代渭水流域仰韶文化葫芦瓶上的虎首人面形和神都很相似，（如图1-26）而吞口有时直接画在葫芦上，二者的相似性显然不是偶然的。这证明了彝族与仰韶文化有一定的亲缘关系。

第三，太极图在中国的流布过程十分复杂，大体分为三个区域，首先是中原地区，其次是青藏高原东缘的藏羌彝文明走廊地带，最后是青藏高原地区。其传布过程基本是这样：青藏高原的太极图纹饰来自印度；藏羌彝走廊地带的太极图来自欧亚大草原；中原地区的太极图来自藏羌彝走廊地带。

藏羌彝走廊地带有着人类最丰富的太极图文化遗存，我们的讨论就从

图1-26 右为彝族吞口,左为仰韶文化葫芦瓶上的虎首人面,二者的形神俱似,只是中原民族基本不再用此物,而彝族今天仍在用(图片来源:王先胜:《中国远古纹饰初读》,学苑出版社2015年版,第36页。)

这里开始。

笔者在世界范围内追寻灵蛇太极图的源流时,一件学术上极为激动人心的事发生在2015年8月24日,笔者的贵州之旅。

通过对东欧特里波利耶-库库泰尼文化的研究,我知道"阴阳鱼"构成太极图的观念是中原汉地学者对灵蛇太极图的误读。听说彝族文化中也有太极图,笔者就产生了去贵州彝族地区考察的念头。

听说我的研究计划,贵州师范大学的一位朋友十分热心,向我推荐了全国人大代表、著名彝族文化专家,毕节市彝文文献翻译研究中心主任王继超先生。我们约好8月24日早上在他的办公室里见面。

王先生中等身材,微胖,是典型的学者型人物。待人和善,言辞不多,一丝不苟。我首先说明了来意:自己在东欧古代文化中发现了太极图的"本来面目"——灵蛇,想了解更多彝族文化中太极图的情况。

没想到,王先生听完我的介绍,当时就笑了,他说:"我们彝族文化中太极图叫输必孜,输必孜是音译,其本意就是缠绕在一起的两条蛇(龙)!"

后来我在王继超先生撰文的《黔西北彝族美术:那史·彝文古籍插图》一书中看到,彝族说"生万物的龙",输必孜的本相为两条龙,象征夫妻。[①] 而在彝族的观念中,龙、蛇是可以互化的。

---

① 陈长久主编:《黔西北彝族美术:那史·彝文古籍插图》,贵州人民出版社1993年版,第42页。

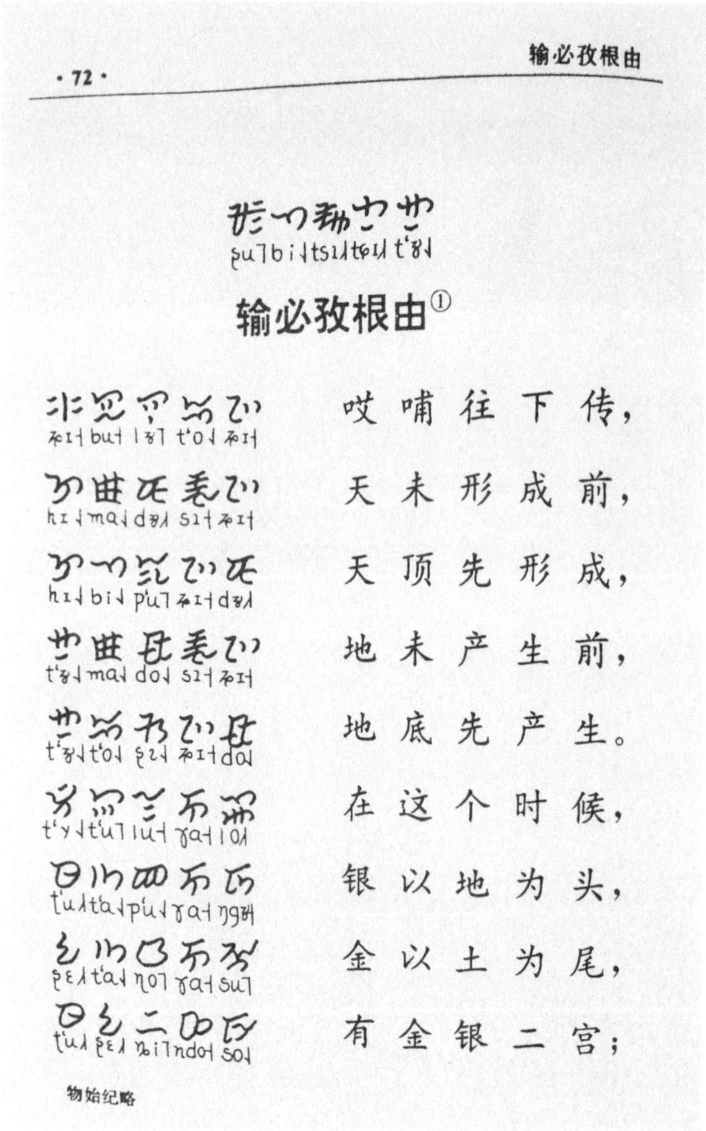
·72· 输必孜根由

输必孜根由①

哎 哺 往 下 传，
天 未 形 成 前，
天 顶 先 形 成，
地 未 产 生 前，
地 底 先 产 生。
在 这 个 时 候，
银 以 地 为 头，
金 以 土 为 尾，
有 金 银 二 宫；

物始纪略

图 1–27《物始纪略》（三）第 72 页中的《输必孜根由》；这是作者从王继超先生赠给笔者的原书中拍摄的

当时我简直不能相信自己的耳朵！

怎么早已迁入中国西南大山的彝族人知道太极图的本来面目，而中原学者竟然几乎闻所未闻。

看我吃惊的样子。王继超先生从书架上取下两本书。

一本是贵州省毕节地区民族事务委员会、贵州省毕节地区彝文翻译组（即今天的毕节市彝文文献翻译研究中心）编译的《物始纪略》（三），该书由四川民族出版社 1993 年出版，当时只印了 2000 册。

王先生为我打开其中的《输必孜根由》一节——还向我详细解释哪个彝族文字代表蛇，哪个彝族文字代表缠绕。（如图 1–27）

一个古老民族中竟然流传着对太极图本义的解释，这在全世界都是罕见的——甚至很早出现较规整“阴阳鱼”太极图的特里波利耶–库库泰尼文化，在四千多年前也不知所踪。

在 21 世纪的贵州山区，我竟能读到《输必孜根由》的完整文字！（全文见本书《丙编“太极图说”六种》）

原来，太极图白色部分代表天父，名叫“米古鲁”，象征太阳；黑色部分代表地母，名叫“靡阿那”，象征月亮（太阴）。整体上，这个符号代表天地万物、生生不息的根。

按《输必孜根由》所述，太极图起源于遥远的哎哺时期，为知识神吐足佐（一名举奢哲，哎哺时期的毕摩始祖）所画。

据《彝族源流》和《物始纪略》等彝文文献记载，彝族社会先后经历了哎哺、尼能、实勺、米摩、举偶、六祖六个前后相继的时代，其一脉相承的父子连名谱系能使我们算出至公元 20 世纪中叶共传 717 代。如果以每代平均 25 年计——太极图已有 17900 年的历史。

这显得过于不可思议，但联系到西伯利亚马耳他遗址猛玛象牙骨板上的多层螺旋输必孜，太极图出现在两万年前左右似乎也在情理之中！

遗憾的是，考古学上，尽管在贵州彝族地区我们能看到战国至西汉时期带有螺旋纹饰的青铜器，但最早可确定的太极图却出现得很晚，它出现在乾隆六年（1741年）的安思贤墓碑上。该碑位于贵州省赫章县兴发乡，碑高88厘米，宽56厘米，彝汉文合璧，碑上部中央明显是输必孜的图像，（图1-28）——约同一时期的墓碑上，相同位置有时也画有"阴阳鱼"的太极图。

王继超先生拿出的第二本书是包括上下两卷的《彝文典籍图录》，该书由王继超先生和陈光明先生主编，贵州民族出版社2013年5月出版。

王先生为我打开该书上卷的前几页——天啊，全世界各种类型的太极图几乎都可以从这里找到！这些图片来自彝族"那史"，它是彝族葬礼祭祀活动中转丧场时使用的旗帜，也是彝族丧礼舞中武士的旗帜——正因为

图1-28 安思贤墓碑拓片（图片来源：《彝文金石图录》（第三辑），四川出版集团·四川民族出版社2005年版，第35页。）

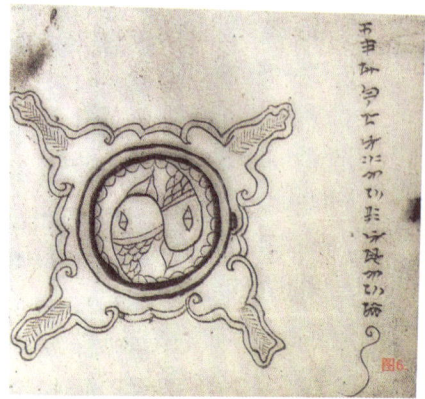 

图1-29 彝族灵蛇太极图"输必孜"图案（图片来源：王继超、陈光明主编：《彝文典籍图录》上，贵州民族出版社2013年版，第10页。）

灵蛇太极图在社会生活中需要应用，千百代来，太极图的诸多形式才可能在彝族文化中流传不绝，这在其他文化中是前所未见的。（如图1-29）

《彝文典籍图录》还收录了解释那史的《那史纪特》对输必孜的说明，我们转录如下："《那史纪特》说：天地的产生是先形成天的顶和地的底，世间的万事万物都以阴阳两极来分，如天地、白昼黑夜、男女、雌雄等，谁都不可能例外。喻无形与有形。为打天地的记号，以白色代表天，黑色代表地，是因白色是天的根基，黑色是地的依托。它的形状是白圈圆的完美，黑圈不可或缺。这个图像的符号代表了天地及万事万物的根，门门行行都出自于它，无不神奇，无不神通。白圈代表万物生生不息；黑圈代表运动无止境。白圈是天父的形象，它的名字叫'米沽鲁'（即米古鲁——笔者注）；黑圈是地母的形象，它的名字叫'麋阿那'。这道理不仅活着的人要懂，死者也是不能忘记的。"[①]

我们仔细观察（图1-29），会发现彝族太极图保留着更为古朴的蛇的形态，难怪阿城教授一看到彝族这类传统图案就断定："原来被后人精致化的太极阴阳图，原本只是一条盘旋的龙蛇。"[②]

阿城教授未能沿着这一思路探索下去，真是遗憾！

有时，彝族太极图干脆直接画成蛇或龙的形式。（如图1-30，1-31）

---

① 王继超、陈光明主编：《彝文典籍图录》（上），贵州民族出版社2013年版，第10页。
② 阿城：《洛书河图：文明的造型探源》，中华书局2014年版，第6页。

《黔西北彝族美术：那史·彝文古籍插图》中（图1-30）有注："其中神马有角，象征能力；鹰象征知识，杜鹃象征节令；输必孜是纠缠回互象征阴阳的两条龙。"①

（图1-30，图1-31）这类"输必孜"相当明确地表达了龙、蛇与太极图的关系。无论彝族文化，还是汉族文化，都崇拜龙，都认为蛇与龙同类，蛇还被称为"小龙"。郑玄注《尚书大传》也说："蛇，龙之类也，或曰：龙无角者曰蛇。"

在中国丰富多彩的地域文化中，有腿有耳人格化的蛇与当地的图腾相结合，就成了各式各样的龙。陕北、陇东、晋西一带的当地人仍然认为蛇就是龙，遇蛇绝不伤害。长期从事民间美术研究的中央美术学院勒之林教授曾讲过这样一个故事："1986年，我在河东岸山西离石结绳墕，请一位80多岁的老大娘剪了一张蛇的剪纸，剪出来的是四脚蛇。我说：'这不是蛇，这是龙，蛇为什么有腿？'她说：'蛇没腿还能走啊！这是蛇上的耳朵，这是蛇的腿。'她一口认定，'这就是蛇！'可见直到现在，这里的原始观念仍然把龙视为蛇。"②

龙也和萨满教中的蛇蟒一样能飞，有沟通天地的功能，在民间文化中龙头属地而交尾于天，通天通地。谈到龙的演变，勒之林教授写道："各民族把龙与自己有代表性的图

---

① 陈长久主编：《黔西北彝族美术：那史·彝文古籍插图》，贵州人民出版社1993年版，第57页。
② 靳之林：《抓髻娃娃与人类群体的原始观念》，广西师范大学出版社2001年版，第110页。

图1-30 直接画成两条蛇的彝族太极图（右下）（图片来源：陈长久主编：《黔西北彝族美术：那史·彝文古籍插图》，贵州人民出版社1993年版，第57页。）

腾合起来，就出现了辽河流域的猪头龙，黄河中上游的虎头龙，黄河中下游到长江中下游的鸟头龙，长江中上游的牛头龙等。"①

图1-31 画成龙形的彝族太极图（图片来源：王继超、陈光明主编：《彝文典籍图录》上，贵州民族出版社2013年版，第11页。）

在美洲和欧亚大陆许多文化中都有龙的形象，龙也是蛇的化身。英语中"dragon"（龙）一词起源于希腊语中的"drakon"，后者的意思是蟒蛇。

"输必孜"早已经成为彝家服饰的重要组成部分。（图1-32）是王继超先生的女儿所穿的彝族传统服装，其下摆处有好多"输必孜"图案。

2015年盛夏对贵州彝族文化的考察，给我的人类文明寻根之旅带来一

图1-32 彝族传统服装上的"输必孜"图案，照片由王继超先生提供

---

① 靳之林：《中国民间美术》，五洲传播出版社2010年版，第17页。

种"踏破铁鞋无觅处,得来全不费工夫"的感觉,上面这些"输必孜"图案,让我坚信人类存在共同的文明基因。

行文至此,我的耳边又响起了毕节当地朋友招待客人的嘹亮山歌,我的眼前仍然是深山白云间若隐若现的彝族村寨……

——文化是人类最宝贵的财富,无论这种文化多么偏远,多么不为人知,都值得我们认真呵护。没有了文化,人类将同野兽无异,甚至比野兽更可怕!

在从甘肃南下至云贵高原的藏羌彝走廊,还有一个民族在日常装饰中大量使用太极图,这就是土族。除了节日盛装,他们还将太极图装饰在萨满鼓上——人类阴阳观念的象征似乎又回归到了它的起点。人类文明的演化何其复杂啊!(如图1-33)

笔者曾在2016年6月21日赴青海省海东市互助土族自治县考察,由于土族历史上一直没有文字,民族成分极为复杂,使得我们几乎没有办法深入研究。一个合理的推断是,处于欧亚T字形文明大走廊的核心地区,这里必然受到新石器时代欧亚大陆广泛分布的太极图的影响。

在距今五六千年前的彩陶时代,中国也和东欧的特里波利耶-库库泰尼文化一样,存在大量的螺旋纹彩陶,只是由于中国彩陶的螺旋纹多是地纹(也称阴纹,一种以彩绘作衬底,以无彩的地子为图案的彩陶),所以学者们误读为花卉图案,数十年来使这些图案得不到正确辨识。中国社会科学院考古研究所的王仁湘先生在这方面做了大量的研究工作,据他对张朋川《中国彩陶图谱》中所列2000余件彩陶进行的统计,发现有300件以上绘有旋纹(即螺旋纹)或与旋纹有关的纹饰,占七分之一强①——这个数字是惊人的!

图1-33 在整个青藏高原周边地区,从尼泊尔到中国青海,都有丰富的萨满文化遗存。这是土族萨满(当地人称为"法拉")的萨满鼓(图片来源:2016年6月21日笔者摄于青海省海东市互助土族自治县土族故土园。)

---

① 王仁湘:《中国史前考古论集》,科学出版社2003年版,第481页。

中国的螺旋纹主要分布在与欧亚大草原毗邻的黄河一线，在庙底沟、大河村和大汶口文化中流行。王仁湘先生还对主要文化遗址中的螺旋纹作了分类，列出了分布图。（如图 1-34）

	单旋纹	双旋纹	叠旋纹	杂旋纹
庙底沟文化				
大河村文化				
大汶口文化				
红山文化				

图 1-34 各式旋纹彩陶在主要文化遗址中的分布情况（图片来源：王仁湘：《中国史前考古论集》，科学出版社 2003 年版，第 482 页。）

王仁湘先生企图探寻彩陶螺旋纹的来历，按照一般从写实到抽象的演变轨迹，当然是一无所获。因为盘蛇在欧洲就已经抽象化为螺旋纹，进入中国后，风格更为大胆奔放，哪里还有什么盘蛇的痕迹。所以他错误地去研究彩陶中弧形线条的出现与变化，让人感到满头雾水。[①] 中国马家窑文化中一些螺旋纹饰同东欧特里波利耶-库库泰尼文化的彩陶纹饰太相似，有时让我们难以分清彼此。比如这件距今 4600 年的半山类型旋涡纹彩陶壶。（如图 1-35）

图 1-35 半山类型旋涡纹彩陶壶，青海省民和县新民阳山墓地出土（图片来源：2016 年 6 月 22 日笔者摄于青海省博物馆。）

令人感到不解的是，中国彩陶的螺旋纹并没有发展成为太极图。到中国后，它们似乎在很大程度上艺术化了。我们发现了反向的双螺旋，但从来没有发现"头部中间有小涡儿"的灵蛇太极图。

多年以来，中原地区的学者们一直努力在彩陶、纺轮、青铜器、甚至漆器上找太极图的蛛丝马迹，结果总是不尽如人意。许多研究《易经》的学者都喜欢将屈家岭文化出土的彩陶纺轮图案作为中国太极图发展的重要标志，这种论断过于肤浅——那些纺轮上的图案只是与"阴阴鱼"太极图形式上相似。（如图 1-36）

我们细致观察这些彩陶轮，就会发现他们与国内外历史上流传的诸多太极图有相当大的区别。只有第 1984 号图谱左上的一个与太极图最

---

① 王仁湘：《中国史前考古论集》，科学出版社 2003 年版，第 481 页、第 483—484 页。

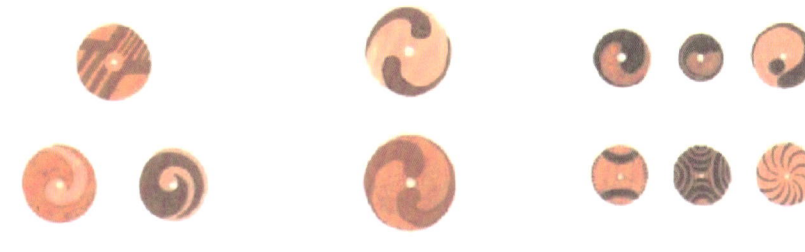

图1-36 湖北省天门县石家河遗址出土的彩陶轮,距今约4800—4200年(图片来源:张鹏川:《中国彩陶图谱》,文物出版社2005年版,图谱第1982、1983、1984号。)

近似。

在中原地区,人类的阴阳观念向相反的两个方向发展,一方面春秋战国时代中国哲人建立起了基于阴阳哲学的抽象知识体系,完善了内圣外王一以贯之的人类道统。另一方面民间普遍流行表征阴阳观念的具象形式,双鱼、双龙、双碗(扣碗)等艺术造型令人目不暇接。而太极图却直到南宋以后才逐步流行起来。

汉代画像砖上诸多的伏羲女娲交尾图,伏羲、女娲一个代表太阳,一个代表月亮。(如图1-37)郑先兴先生在《汉画像的社会学研究》一书中分析道:"作为始祖神,女娲的重要贡献就是遏制洪水,改善自然;伏羲的重要贡献就是创制文明,演绎八卦。而洪水的驯服,显示了女娲如水一样的阴柔;文明的创制,显示了伏羲如日一样的阳刚。加之远古以来的光明和太阳崇拜信仰,以及伏羲'近取诸身,远比诸物'的原始思维的助长,人们很轻易地就将对于人类的认识比之于宇宙,于是认为天体的构成是父天母地,父日母月。这样,女娲就成为月亮神,伏羲就成为太阳神。由此,始祖神与日月神重合,成为汉代祭祀和崇信的偶像。在汉画像中,有许多伏羲女娲交尾并各举日月或胸含日月图像,可以说这正是日月神的象征。"①

图1-37 伏羲女娲交尾图,二人分别举着日轮和月轮。石雕,四川博物馆藏(图片来源:张理穷:《河图洛书与先后天八卦》,宗教文化出版社2013年版,第168页。)

---

① 郑先兴:《汉画像的社会学研究》,河南大学出版社2009年版,第146页。

太极图在汉地不流行，并不是说汉地没有太极图。礼在诸野，中国西北民间太极图一直存在，且当地的百姓知道太极图的本来面目——灵蛇。中国哲学中的太极生两仪，在民间对应的是"混沌开阴阳"。西北地区"混沌"是一种面花，它有时就做成盘蛇（龙）形象。（图1-38）是陕西华县民众清明扫墓祭祖用的面馍，整个混沌就是一条盘龙。

当然，有时混沌也被做成"阴阳鱼"太极图的形式，盘蛇与"阴阳鱼"显然具有相同的意义。陇西临潼农村有一种婚俗礼馍混沌，中间是太极图，环周为瓜果花草万物，象征阴阳相生生万物。（如图1-39）

图1-38 陕西华县民众清明扫墓祭祖用的面馍（图片来源：靳之林：《绵绵瓜瓞与中国本原哲学的诞生》，广西师范大学出版社2002年版，第50页。）

图1-39 陇西临潼农村婚俗礼馍混沌（靳之林：《绵绵瓜瓞与中国本原哲学的诞生》，广西师范大学出版社2002年版，第54页。）

陕甘宁地区守欧亚大草原文化因子进入中国的要道，藏羌彝走廊的上游，当地保留灵蛇太极图的基本信息是正常的。

那么，南宋"阴阳鱼"太极图来自哪里呢？答案几乎可以肯定：来自藏羌彝走廊的四川地区。明代初年赵撝（音huī）谦（1351—1395年）在《六书本义》中明确指出："此图（指太极图——笔者注）世传蔡元定得之于蜀之隐者，秘而不传，虽朱子亦莫之见，今得之陈伯敷氏。"[1]

---

[1] 刘保贞：《〈易图明辨〉导读》，齐鲁书社2004年版，第158页。

事实上宋末元初的袁桷（桷音 jué，1266—1327 年）更早梳理过"阴阳鱼"太极图的传承次序，尽管他未明言这些图包括太极图。袁桷在为谢仲直《易三图》作的序中说："上饶谢先生遁于建安，番阳吴生蟾往受《易》，而后出其图焉。建安之学为彭翁，彭翁之传为武夷君，而莫知所受。或曰'托以隐秘'，故谓之武夷君焉。始晁以道纪传《易》统绪，截立疆理，俾后无以伪。至荆州袁溉道洁，始受于薛翁，而《易》复传。袁乃以授永嘉薛季宣士龙，始薛授袁时，尝言河洛遗学，多在蜀汉间。故士大夫闻是说者争阴购之。后有二张，曰行成精象数，曰演通于玄。最后朱文公属其友蔡季通如荆州。复入峡始得其三图焉。或言'洛书'之传，文公不得而见。今蔡氏所传书，讫不著图，藏其孙抗，秘不复出。临邛魏了翁氏尝疑之，欲经纬而卒不可得。季通家武夷，今彭翁所图疑出蔡氏。"①

按照袁桷不太清楚的记述，我们粗略总结一下这个与太极图流传关系巨大的谱系（包括前后两个）：

薛翁—袁溉—薛季宣—张行成—蔡季通（蔡元定）

武夷君（白玉蟾）—彭翁—谢仲直—吴蟾

有记载说薛翁是蜀地的隐者，薛翁明确说过"河洛遗学，多在蜀汉间"，士大夫知道这个消息后纷纷偷偷地去购买相关资料。且第一个传出"阴阳鱼"太极图的张行成本人就是四川临邛人，长期隐居著述于蜀地——所以从元、明多位学者的记载看，太极图得之于四川无疑。

中国另一个大量存在太极图纹饰的地方是青藏高原，作为藏传佛教的符号，它多被装饰在法轮或法鼓的中间，其主要特点是没有中间的"小涡儿"。但在青海省德令哈市怀头他拉乡沙柳沟，笔者看到约创作于公元 6 至 7 世纪的太极图，太极图的重要标志头部"小涡儿"清晰可见——这在藏传佛教地区罕见！（如图 1-40）

图 1-40 与密宗法器金刚杵并排的太极图，两边的绳状物，当为鼓面图像（图片来源：2016 年 6 月 24 日笔者摄于德令哈市怀头他拉乡沙柳沟。）

---

① 刘保贞：《〈易图明辨〉导读》，齐鲁书社 2004 年版，第 157—158 页。

图 1-41 与万字画在一起的太极图，有四个旋
（图片来源：2016 年 6 月 24 日笔者摄于德令哈市怀头他拉乡沙柳沟。）

在同一块大岩石上中间还有两个 S，四个旋的太极图。（如图 1-41）它与另一种藏传佛教符号万字放在一起。问题是：青藏高原的太极图从何而来，是如其他许多藏传佛教符号一样来自印度？还是来自紧临青藏高原的藏羌彝走廊？

后来我来到拉萨，通过访问学者、查阅资料，才清楚这些太极图在藏传佛教中叫"喜旋"（即"喜旋珠"）。英国艺术家罗伯特·比尔在《藏传佛教象征符号与器物图解》一书中解释说："喜旋的形状被画得与古代中国的阴阳图相同，但其旋转的中心点通常由三个或四个部分组成。藏文'dGav'一词用来描述各种快乐、喜悦和愉悦。藏文'vkhyil'一词的意思是'旋转'或'围转'。喜旋通常画在法轮的中心点上，三个旋或四个旋代表'三宝'或殊胜'三界',或是'四圣谛'及四大方位。作为'三宝'的象征,喜旋是转轮王的'三睛宝石'或如意宝。在大圆满教法中,喜旋的三个旋主要象征着基智、道智和果智'三智'。"①

青藏高原的族群也同世界其他地方的人们一样,用太极图代表智慧,且它很可能来自于印度。但证据何在?直到我在《中国藏传佛教艺术》木雕卷中看到拉萨大昭寺中心大殿藻井中央吐蕃时期的太极图浮雕,(如图1-42)才搞清楚,西藏太极图纹饰是随着藏传佛教,从印度传入西藏的,年代在公元7—8世纪——太极图传入青藏高原的时间比正式传入中原的时间还早四五百年。

我们知道,藏族艺术中的大部分符号都源于印度佛教,而佛教符号在佛教产生前,其中的许多已经存在于古印度。既然青藏高原的太极图来自于印度,我们就不得不将目光投向喜马拉雅山的另一侧,投向西方世界……

图1-42 拉萨大昭寺中心大殿藻井的太极图浮雕纹饰,年代为公元7—8世纪(图片来源:《中国藏传佛教艺术》木雕卷,北京出版社出版集团、北京美术摄影出版社2006年版,第20—21页。)

三、灵蛇太极图在"尼罗河—印度河走廊"

考古材料证实,四五千年前,从尼罗河到两河流域,再到印度河存在着广泛的文化和贸易往来。在印度河谷哈拉巴和摩亨佐·达罗遗址中,发现了苏美尔式印玺和其他各种人工制品,而埃及从文字到建筑明显受到了

---

① 〔英〕罗伯特·比尔:《藏传佛教象征符号与器物图解》,向红笳译,中国藏学出版社2014年版,第219页。

苏美尔文化的影响。史学家形象地将这一没有巨大山川阻隔，人类最早的以城市为中心的交流网络称为"尼罗河－印度河走廊"。（如图1-43）

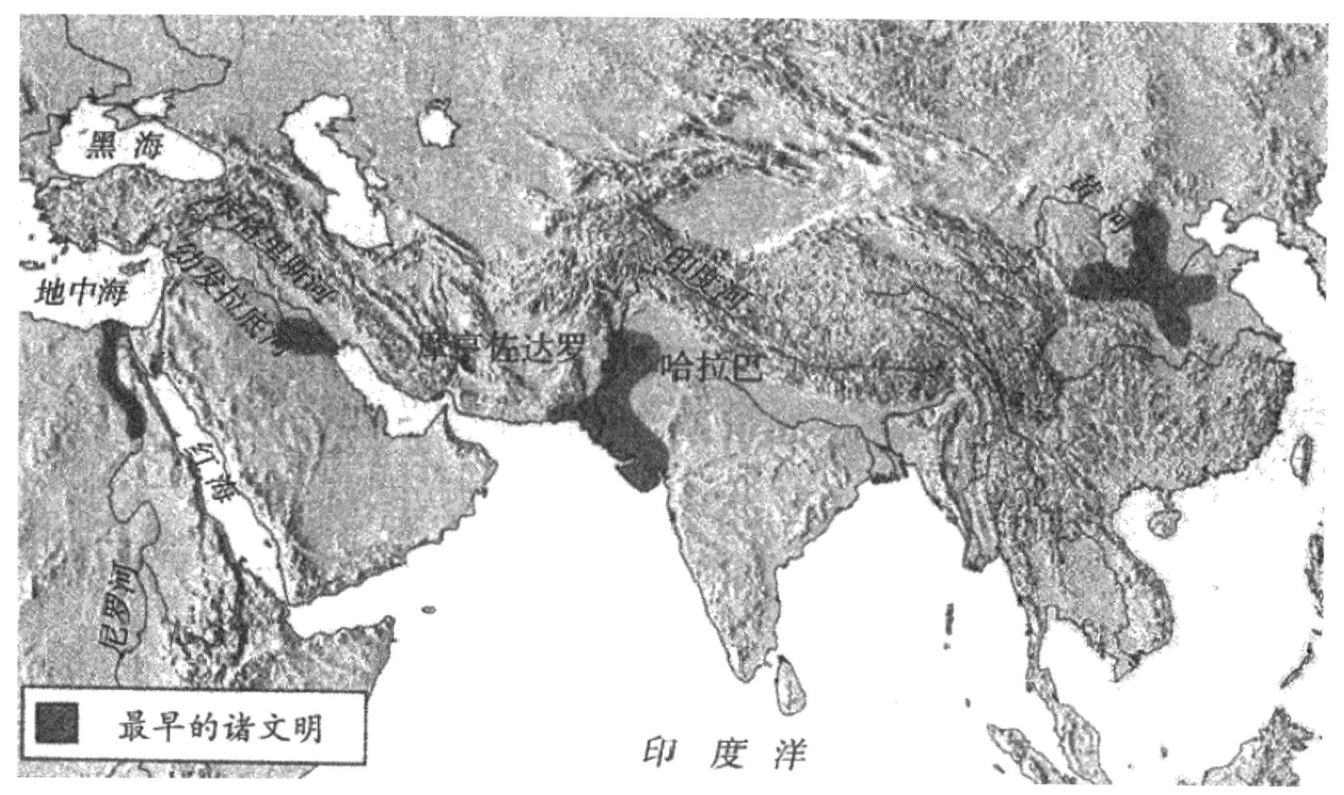

图1-43 "尼罗河—印度河走廊"示意图（图片来源：约翰·R.麦克尼尔、威廉·H.麦克尼尔：《人类之网：鸟瞰世界历史》，北京大学出版社2011年版，第40页。）

史学家威廉·H.麦克尼尔、约翰·R.麦克尼尔父子写道："最早文明化的地带兴起于三条大河两岸可加以灌溉的地区，这三个地区分别是位于美索不达米亚（今伊拉克）地区的底格里斯河—幼发拉底河地区、位于埃及的尼罗河地区和位于巴基斯坦的印度河及其支流地区。大约在公元前3500年到前3000年期间，在底格里斯河—幼发拉底河河口的附近地带有十几个城市兴起，其时间要稍早于尼罗河和印度河文明，到5世纪之后，后两个地区才出现相对复杂的社会。沿海航行再加上内陆穿越陆地的商队，使上述这三个地区保持着一定的交往；似乎应当把这些交往看作刚刚形成的一个相互交往网络的组成部分。我们就将其称之为'尼罗河－印度河走廊'，这是历史上第一个大都市网络。"①

---

① 约翰·R.麦克尼尔、威廉·H.麦克尼尔：《人类之网：鸟瞰世界历史》，北京大学出版社2011年版，第40页。

在尼罗河—印度河走廊，东西两端都存在灵蛇太极图，是在中间的两河流域发展了西方二元对立思维——这是人类历史上影响极其深远的文明变异。

我们不太清楚二元观念在两河流域演变的具体过程，不过有一点可以肯定：四五千年前，西方世界的主流观念——二元对立思想已在此地孕育发展。作为人类阴阳观念的极端化，二元对立思想将世界上的一切截然两分。从根本上说，西方政治、文化、宗教中的异端、排外、竞争观念皆源于此。随着西方文化的全球扩张，它构成了现代人思维方式、知识体系和政治经济的基础。

历史学家许倬云先生写道："两河流域的泥版文字，经过解读，颇多古代传说与文学数据引人注意者，一寓言方式的歌谣，其内容均是两种事物的对比或互讽，例如雨水与烈风、甜水与苦水、牧人与农夫等，凡此对话，呈现对立的二元，彼此互斥而不能相容。二元论的思维，在两河思想体系，例如在波斯发展的祆教及后来的摩尼教，都是善恶两分的思维模式，颇继承了古代两河神话中神魔相争的传统。"[①]

这种二元对立观念还直接影响了基督教教义，包括其中最为重要的救赎与复活主题。许先生接着写道："二元思想，也呈现于严冬与春天、死亡与生命、黑暗与光明等诸种更迭，严冬来袭，春神潜居黑暗的洞穴，人们必须经过努力，甚至牺牲，才能唤回春天，也唤回生命。这种仪式，就是后世基督教生命与复活观念的滥觞。救回春天与生命的英雄，例如古代传说中的马道克，原是神魔大战中的神将，在巴比伦时代演变为救世主的形象，功在救回春天与生命，以此受人膜拜。凡此救赎与复活的主题，不仅在后世基督教教义中具有重要意义，也是许多启示性宗教的特色。"[②]

西方《旧约》宗教体系是建立在上帝造人以及人、神对立基础上的，是以神为本的神道文化。在现实生活中，则体现为神权与王权的两分，"上帝的归上帝，恺撒的归恺撒"，内圣外王的断裂会导致世俗权力对神圣权力的乱用，乃至践踏。

利用宗教达到现实战略利益，常常以极其残酷的流血方式进行，因为

---

① 许倬云：《历史大脉络》，广西师范大学出版社 2009 年版，第 24 页。
② 许倬云：《历史大脉络》，广西师范大学出版社 2009 年版，第 24—25 页。

图 1-44 伊甸园中的蛇。在印欧文化中,蛇多邪恶的象征,斩蛇成为重要的主题,如圣乔治屠龙。这与古欧洲文化、萨满文化传统对蛇的崇拜截然不同(图片来源:〔英〕Miranda Bruce-Mitfor & Philip Wilksinson:《符号与象征:图解世界的秘密》,时报文化出版企业股份有限公司 2009 年版,第 66 页。)

异教徒会被置于"非人"的对立地位。谈到古希腊战争神话与基督教《旧约》战争神话的不同,约瑟夫·坎贝尔写道:"但是当我们从《伊利亚特》和雅典转到《旧约》和耶路撒冷时,他们神话中的上界却有着截然不同的故事和权力结构:不再是不同的神支持战争的各方,而是有一个独断的神明,他的仁慈永远只惠顾其中的一方。因此,被当成敌人的,不管他是谁,在这些著作中的描述与希腊的神话形成鲜明对比。《旧约》不把他们当作人类,用马丁·布伯的话说,不是'你',而是'它'。"①——这是我们在处理国际事务中需要特别加以注意的!

表面上西方基督教与灵蛇太极图无关,事实上正是灵蛇隐喻构建了基督教文明的核心。

在《旧约》中,蛇引诱夏娃吃禁果,开启了人类的分别心,使人离开生命乐园。(图 1-44)同时,依靠信与爱回归乐园(天堂),成为人类永恒的奋斗目标——这与所有瑜伽道路(特别是"爱的瑜伽")并没有本质的区别。

对梵文和古印度文化深有研究的徐达斯先生发现:《旧约》亚当、夏娃的故事与《巴维施亚奥义书》中亚当玛(Yadava)、夏玛娃缇(Sharmavati)的故事十分相似,二者肯定存在着相互借鉴的关系,只不过在《巴维施亚奥义书》中,亚当玛、夏玛娃缇都是瑜伽士。(参阅附录一)——这说明,基督教与印度教之间存在深刻的内在联系。

在尼罗河—印度河走廊的东端印度,太极图是重要的灵性符号(yantra),其意义表示阴阳相生。印度表达阴阳相生观念的灵性符号有多种,其形象与男性生殖器林迦和女性生殖器约尼关系很大。(图 1-44)

---

① 〔美〕约瑟夫·坎贝尔:《指引生命的神话:永续生存的力量》,浙江人民出版社 2013 年版,第 165 页。

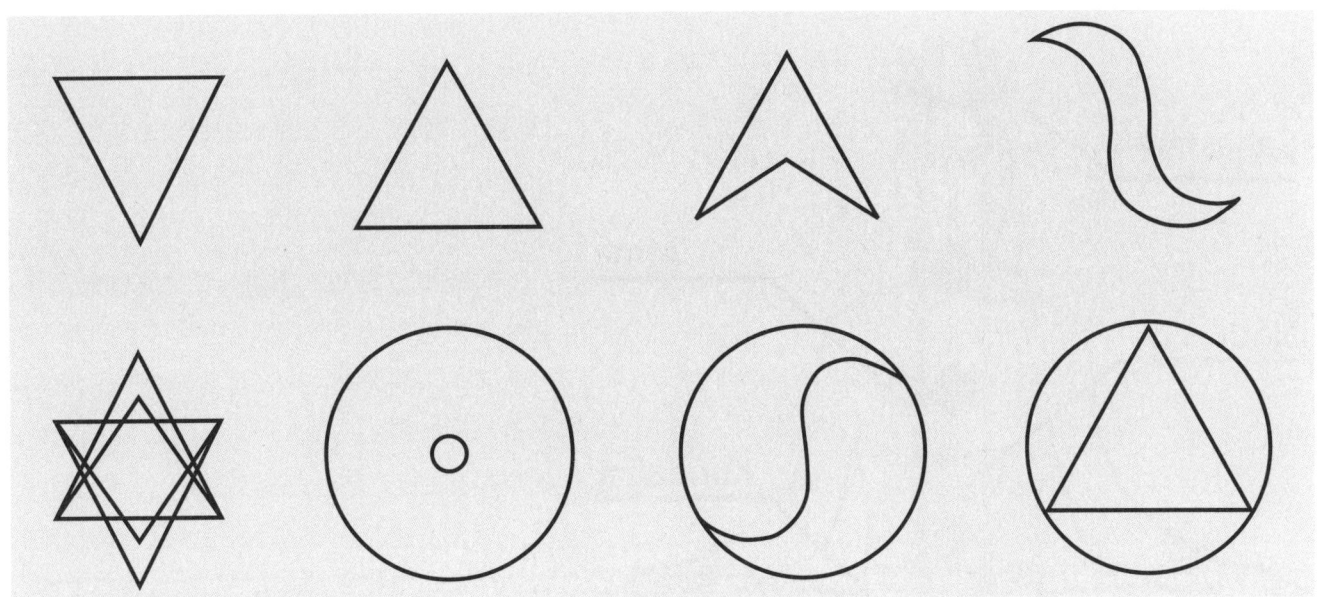

图1-45 原图注:"上方:尖角向下的三角形是约尼或阴性能量的标志(最左侧)。接下来的三个图案象征着林迦或阳性原则:尖角向上的三角形、箭镞与火焰。下方:这些图案象征着作为最初的创造原则的阳性与阴性能量共同起作用。"(图片来源:〔德〕施勒伯格:《印度诸神的世界:印度教图像学手册》,范晶晶译,中西书局2016年版,第23页。)

图1-45中下面右起第二个图像与有两个旋的"喜旋"没有任何区别,在观修金刚瑜伽母内瑜伽时,通过红白菩提心露在中央脉道的上升和下降能够体验到"四喜",可以将白色菩提心露观想成脉轮中央的白色小喜旋,红色菩提心露观想成红色小喜旋,二者沿脉道在心部合成为旋转的菩提心露,形状为粉色喜旋。最后喜旋的体积逐渐膨胀,直到融入空性。

在瑜伽理论中,昆达里尼(Kundalini,又译为军荼利、灵能、拙火等)是指未被开发、与生俱来的灵能,隐伏在脊椎底部盆骨里一块三角形骶骨腔内,卷曲成三圈半灵蛇状。印度瑜伽修行者认为:通过修炼瑜伽,将唤醒沉睡在体内的昆达里尼,使它通过中脉上升,穿越顶轮和头盖骨,最终达到梵我合一的智慧解脱境界。很早时候起昆达里尼能量就被直接描绘成如彝族输必孜那样的多层螺旋(图1-46)。

看来,古代印度的瑜伽士似乎理解灵蛇与太极图的关系,它们将生命灵能比作太极图,也比作蛇。

印度文明的一个重要特点是以神表法,道/神并重,重内而轻处,内圣修行有余而外王理国不足。历史上印度常常成为西北外族的侵略统治对象,不能不说与文化因素有关。笔者曾作《佛家法王观念与黄老道法思想》一文对此进行初步探讨(见附录四)。

自西方宗教改革以来,随着资本主义和殖民主义在全球的胜利,不同文明中修道进德的传统越来越微弱。现代大学教育的本质是理性知识教育，还没有进入智慧修行这一层次。站在中国文化的立场上，现代大学只是教授技能常识的"小学"，而不是成就圣贤智慧的大学。

如果将理性知识比作一台计算机的内存，那么智慧之学就如同计算机的中央处理器，内存再大，不能随机应用，也是死知识，甚至成为身心的负担——在这样的时代，印度内修传统可能会在更大程度上造福人类。

印度文化对修行道路的分类让不同族群的人们能够更深刻地理解自己。印度教（有些印度瑜伽士不认为他们的文化是西式宗教）将亲证智慧的道路分为四种：

一是"知的瑜伽"，它适合于那些有更强反省倾向的人修习，通过知识与神合一。这种知识不是记问之学，而是一种直觉的悟性。

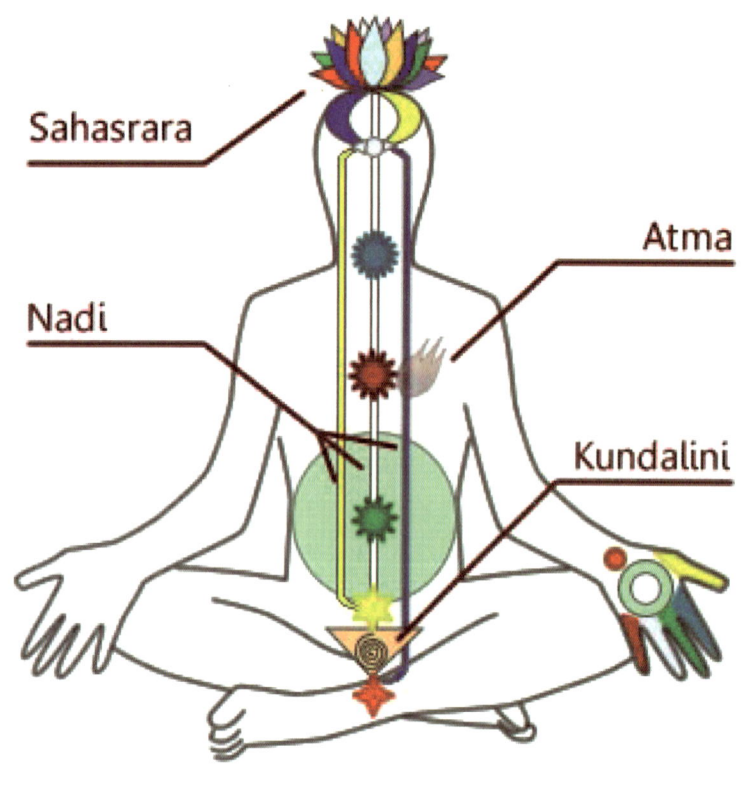

图1-46 直接用灵蛇太极图表示的昆达里尼能量（图片来源：维基百科，网址：https://en.wikipedia.org/wiki/Kundalini。访问时间：2015年11月3日。）

二是"爱的瑜伽"，它将隐藏在每个人心底的爱朝向神。对爱者来说，他要使神圣的祷告充满内心，使之充满神性。

三是"业的瑜伽"，即通过工作走向神。这适合于精力充沛的人，通过无私的行动走向神性。

四是"修的瑜伽"，它的目的是通过打坐冥想，引导探究者亲证"内在超越者"。

在印度教看来，这四种瑜伽形式是彼此相容的，不同的人在不同情境中选择适合自己的修行方式。印度教鼓励人们尝试所有四种方法，各取所需。

如果我们用印度教修道进德的分类方法看世界不同文明体系，就会发现从整体上说，中国的儒家更侧重于"知的瑜伽"和"业的瑜伽"，西方基督教更侧重于"爱的瑜伽"和"业的瑜伽"——"修的瑜伽"在宋代以后为宋明理学所重，20世纪以来"修的瑜伽"已经在西方基督教世界产生一些影响。

当初圣人立教，是根据不同民族的特点（根器）创立的，其主旨都是让人同归生生不息的天道——如灵蛇太极图所昭示的那样！

历史似乎有意同人类开玩笑。阴差阳错的是，欧洲尽管没有发展出建立在阴阳概念基础上的文明体系，却是目前所知外缘闭合的"阴阳鱼"太极图很早出现在地方——它来自公元4世纪（乃至更早）罗马士兵的盾徽。（如图1-47）

图1-47 各式灵蛇太极图出现在古罗马士兵的盾徽上（图片来源：Otto Seeck, Notitia Dignitatum. Accedunt notitia urbis Constantinopolitanae et laterculi provinciarum, Berlin, 1876, P.148, P.149, P.57.）

（图1-4）是罗马《百官志》（*Notitia Dignitatum*）中的图片。《百官志》原书已佚，只有1551年的抄本流传至今，它是了解后期罗马帝国（公元4世纪末至5世纪初）官制的重要历史资料——我们能看到多个部队的盾徽采用了太极图纹饰。

对于太极图为什么为士兵所用，出现在战场上，笔者曾大为困惑。在毕节拜访王继超先生时，我提出了这个问题。没想到，王先生立刻说，彝族丧仪中排兵布阵也到处显示出太极图——汉地不也流传着诸葛亮太极八卦阵之类的传说吗？！

原来，彝族人死后要举行为死者报仇的仪式，报复对象是那些捉拿死者灵魂的鬼神。后来，笔者在《彝文典籍图录》中发现了相关记载："彝家逢有丧事，主人家用草木纸布等搭建若塔亭状临时建筑，内停放亡者遗体或招有早逝者灵魂依附的灵魂草（代表和象征早逝者），以便于为之举行丧祭、悼念仪式。一般先由主人家行'曲照'或称'结照'仪式，仪式由称'补吐'的人作前导指挥，布摩随其后，布摩之后一人执象征旗帜的'那史'，'那史'之后是四名或八名铃铛舞手，铃铛舞着着象征戎装的红色'骑马裙'，头戴纸竹制的头盔，铃铛舞手之后为数十计或百计或千计持刀枪剑戟与牵牛猪羊三牲的称'骂幺'（士兵）的人，在'补吐'的指挥下，围着若塔亭状临时建筑及其四角转，布摩念经，铃铛舞手歌舞，'骂幺'鸣枪放炮喊杀，象征演武布阵，或转作太极形，或转作鹰翅形等。主人家进行仪式后，奔丧的各姻亲家至少如法举行一遍相同的仪式。"①

罗马《百官志》中"阴阳鱼"太极图的出现比中国汉地早了七八百年，这可能与他们接触希腊文化有关，那里长时期内很好地保存了古欧洲文化的诸元素，包括灵蛇太极图的诸多艺术形式——这种艺术风格也影响了凯尔特人（Celtic）的装饰艺术。

英国凯尔特人曾用各类太极图纹饰装饰《圣经》的封面。（图1-48）是完成于约公元8世纪的《凯尔斯福音书》（livre de kells）封面局部，设计极为细腻，其中能清楚看到典型的太极图纹饰，或两旋，或三旋。

图1-48 公元8世纪的《凯尔斯福音书》封面局部（图片来源：〔法〕克里斯蒂亚娜·埃吕埃尔：《凯尔特人的欧洲》，邵明、丁建译，世纪出版集团、上海人民出版社2006年版，第120页。）

古埃及人也崇拜蛇，作为家庭的保护神，几乎家家户户都供奉蛇神。蛇还作为王权的象征，装饰法老的王冠和权杖（如图1-49）。据说眼镜蛇

———

① 陈长久主编：《黔西北彝族美术：那史·彝文古籍插图》，贵州人民出版社1993年版，第2—3页。

图1-49 古埃及法老图坦卡蒙的黄金面具,头顶有呈攻击状的眼镜蛇。年代:公元前14世纪中叶(来源:樊文龙主编:《世界美术全集·工艺美术》,光明日报出版社2003年版,第41页。)

不仅能保护法老免受灾害,还能向法老的敌人喷射火焰。

这种象征上下埃及统一的王冠还有另一种形式,称为红白冠。(如图1-50)它用多层螺旋代表蛇,以前本是下埃及的红冠造型——这种作法同

图1-50 古埃及的红白冠(图片来源:罗灵杰:《跨越三千年的因缘》,当代中国出版社2012年版,第185页。)

24000年前西伯利亚的马耳他先民用多层螺旋代表蛇没有任何不同。

非洲似乎只有这种原始的多层螺旋。2016年2月19日，笔者在中国国家博物馆"馆藏非洲雕刻艺术精品展"上看到不止多个多层螺旋纹饰。（图1-51）是马里班巴族双臂微张的女神雕塑，其腹部和前摆都有多层螺旋图案，那是太极图的最原始形态。

当我们在古老的欧亚非旧大陆探寻灵蛇太极图的演变轨迹的时候，笔者最大的感受就是人类文化的共生性、丰富性和多样性。

在世界主要文化中，灵蛇和灵蛇太极图都处于重要位置，但外在表现形式却千差万别，以至于长期以来无人知晓过去一万年来人类共同的重要文化因子——或许只有在这样一个信息传播技术高度发达的时代，我们的研究才成为可能。

现在，让我们把目光转向东方，那是浩瀚的太平洋……

四、环太平洋文化圈中的灵蛇太极图

过去几十年来，已经有越来越多的学者开始对环太平洋文化圈进行深入研究，从梯田文化到人面岩画，从体质人类学到考古学，有太多证据表明：在环太平洋地区，史前时代曾存在着广泛的

图1-51 马里班巴族双臂微张的女神（图片来源：2016年2月19日笔者摄于中国国家博物馆。）

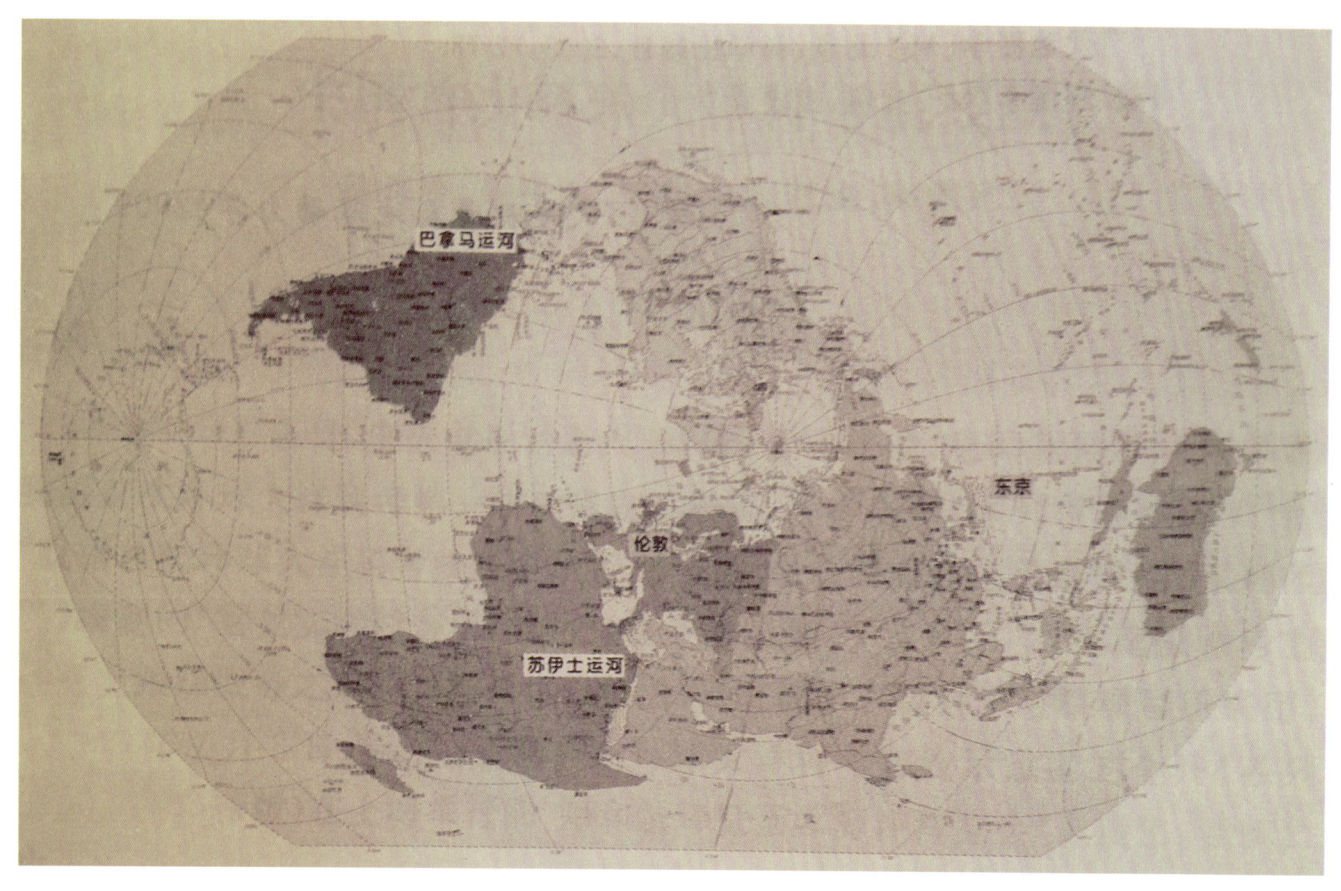

图1-52 唯一能从平面上完整看到世界所有陆地的北半球版世界地图（图片来源：郝晓光、徐汉卿：《经纬跨越四百年：〈系列世界地图〉文集》，测绘出版社2011年版，第63页。）

文化交流，这些分布在广阔地域的不同文明间存在着诸多共同的文化因子。

形成这些现象的原因当与地理因素关系很大。因为从南非南端的好望角到智利南端的合恩角，地球上的主要陆地基本是连续的，中间只有很短的海峡所隔。在北半球版世界地图上，我们能清楚地看到这一点。（如图1-52）

对于在陆上生活的人类来说，亚洲和美洲大陆之间的交流并不存在根本上的地理障碍，因为从北极往下看，北冰洋不过是新旧大陆之间不大的内湖而已，二者之间的交流既早又频繁。

环太平洋文化圈的研究中，中国与美洲文化间亲缘关系的研究尤其引人注目。在海内外诸多学者的努力下，取得了相当大的学术成果。

朱存明先生在《环太平洋文化中的华夏文明与美洲文明》一文中总结指出："处在太平洋两岸的华夏文明与美洲古代印第安文明处于同一环太平洋文化系统中，两个文明有极其相似的特征，无论是从两个文明的思维模式、图腾崇拜、神灵信仰，还是哲学观点、社会习俗及艺术风格都有着许多相同或相似的文化母题。这么多的相同之处，不可能是在毫无关系的前提下各自独立发展的结果。两种文明一定存在文化传播的关系。"①

朱先生考察的两大洲相同文化母题包括：相同的龙、虎崇拜，太阳崇拜与活人祭，汉字与玛雅文字，四方神与四元素崇拜，玉的原型意义等方面。

美洲太极图纹饰整体上是中美洲玛雅文化发达，南北美洲几乎不见踪迹。由于玛雅文化的造型艺术极为繁缛，有的学者甚至将玛雅石雕衣服上的结都当成了太极图，简直荒唐！太极图在世界各地都表达生生不息的天道，是神圣和庄严的。即使作为传统装饰，也有特殊的意义。

笔者收集到的玛雅太极图有三类，如图1-53，1-54，1-55。著名人类学家凌纯声先生引用的，洪都拉斯科潘省 Santa Rosa 附近废毁玛雅城市纪念物上的太极图。（如图1-53）由于公元9世纪科潘遗址已经衰落，直到最后消失在雨林中，所以这些太极图的年代当在公元9世纪以前。

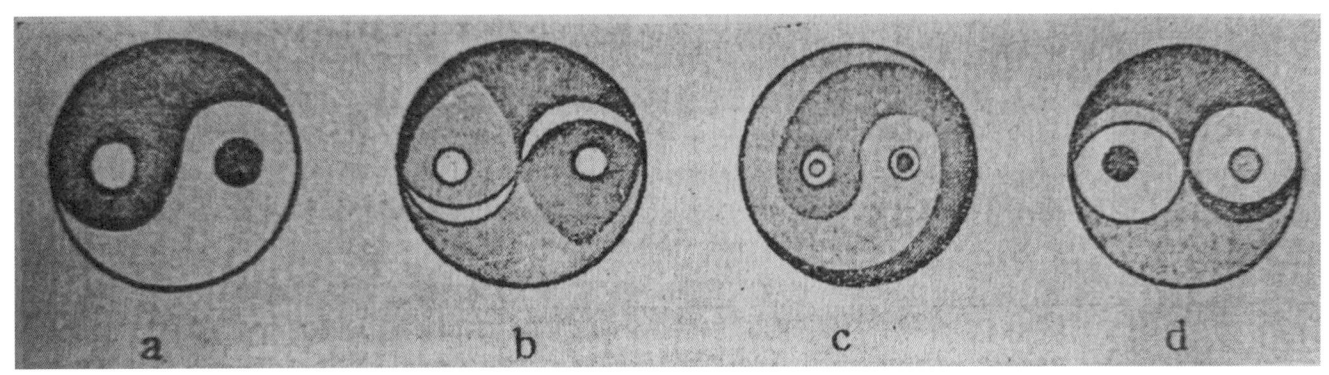

如果我们将这些太极图与图1-29中的彝族太极图比较，就会发现二者惊人的相似之处。即图1-53中图c与图1-29中图2和图4，图1-53中图d与图1-29中图1，图1-53中图b与图1-29中图6，它们的造型十分近似——难怪当我第一次向彝文专家王继超先生展示这些美洲太极图时，他脱口而出："我们这里都有！"

图1-53 中美洲洪都拉斯西部科潘省 Santa Rosa 附近废毁玛雅城市纪念物上的太极图（图片来源：凌纯声：《中国远古与太平印度两洋的帆筏戈船方舟和楼船的研究》，中央研究院民族学研究所1970年版，第203页。）

彝族与玛雅人的相同文化因素很多，包括世界罕见的十八月历，以及对鹰和虎的崇拜等等。所以中国社会科学院的刘尧汉先生认为："玛雅文化

---

① 朱存明：《环太平洋文化中的华夏文明与美洲文明》，载《徐州师范学院学报》1990年02期。

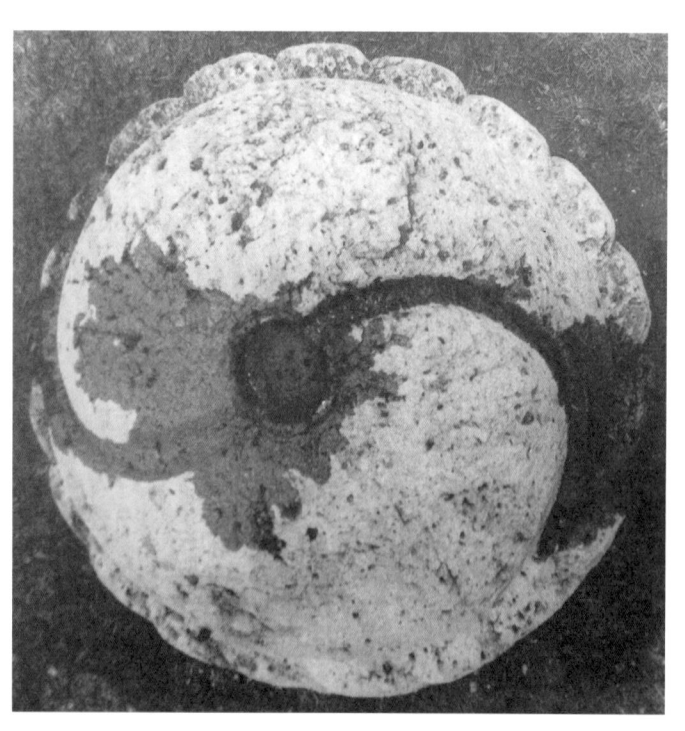

图 1-54 洪都拉斯科潘遗址中的太极图祭坛（来源：Claude-Francois Baudez, Maya sculpture of Copan, the University of Oklahoma Press, 1994 年，FIG.60.）

图 1-55 玛雅的两极明暗图（图片来源：郑毓新：《玛雅医学及其与中医学的初步比较》，中国中医科学院 2006 年版，附图 9。）

与彝族文化有些共性，并非偶然，而有其远古历史渊源。"[1]

笔者还发现，洪都拉斯科潘遗址有的祭坛明显呈太极图样式。图 1-54 中的祭坛高 90 至 100 厘米，最大直径为 150 厘米。我曾将此图给中国社会科学院考古研究所刘建国研究员看，他当时刚从玛雅考古遗址挖掘现场回国，他立刻说："这是祭坛，中间的凹处是放祭品用的。"

在玛雅文化中，特别值得注意是玛雅医学中的太极图"两极明暗图"，它无论在结构还是在意义上都与太极图息息相关，只是形式上和玛雅萨满观念中的宇宙树结合了起来，成为玛雅创世大神胡纳博库的象征。（如图 1-55）

美国的郑毓新（Christopher Ging）博士曾将中国太极图与玛雅明暗图作了细致比较，他写道："玛雅的两极明暗图相当于中国的阴阳图，有明暗、左右、上下阴阳两极；阴阳互根，不可分离。玛雅的两极图是一棵中央宇

---

[1] 刘尧汉：《从中国彝族十八月历到美洲墨西哥玛雅人十八月历》，载《凉山大学报》2001 年第 1 期。

宙树，树的中央是太阳光，太阳光是玛雅事物两极（类似中医学的阴阳）的基础。中央宇宙树吸收太阳光气，树枝释放生命之气，这是生命的起源，宇宙时间的开始。太阳光的旋转方向有二：顺时针方向与逆时针方向。有光就有天地、明暗、上下、左右、东西、南北、寒热、入出等两极之分。初升的太阳象征阳（男）；日落的太阳象征阴（女）。玛雅中央宇宙树的左边为男，右边为女。中医学以男为阳，女为阴。玛雅的两极——光与暗，寒与热，是玛雅的'阴阳'。"①郑毓新博士还指出，玛雅医学中中央宇宙树的职能与中医学中的脾相似，是调节平衡的中心。

蛇在玛雅文化中同样处于核心地位，代表智慧（同旧大陆相同），也是阴阳的象征。郑毓新博士写道："蛇（玛雅语称 Kan）是玛雅文化的概括。玛雅创世论中，两极羽毛蛇神与天神汉南公在海上相遇，商谈宇宙创造的规律，玛雅的羽毛蛇神是两极性的动物，既神圣又邪恶，美丑同体，善恶同体，生死同源；既是雷神，又是水神；既是生殖之神，又是死亡之神，阴阳同体。蛇的文化是两极同体，生死同源，使对立元素统一，冲突消失，万物在无差别和谐之中。"②

表面上，我们看不出玛雅的太极图原型是蛇，但在观念上，二者却是紧密联系的。

在南美洲和北美洲，有显而易见的灵蛇崇拜，但太极图纹饰发展得不是很完全，没有发现"阴阳鱼"太极图。秘鲁莫切文化雕像装饰着太极图纹饰。（如图1-56）衣饰上的螺旋视觉上可以呈现为紫底色上一条白蛇盘绕，也可以呈现正反相绕的两条紫色蛇。

图1-56 莫切武士俑，年代公元100年—公元700年（图片来源：[英]尼尔·麦格雷戈：《大英博物馆世界简史》中，余燕译，新星出版社2014年版，第296页。）

---

① 郑毓新：《玛雅医学及其与中医学的初步比较》，中国中医科学院2006年5月博士研究生学位论文，第69页。
② 郑毓新：《玛雅医学及其与中医学的初步比较》，中国中医科学院2006年5月博士研究生学位论文，第71页。

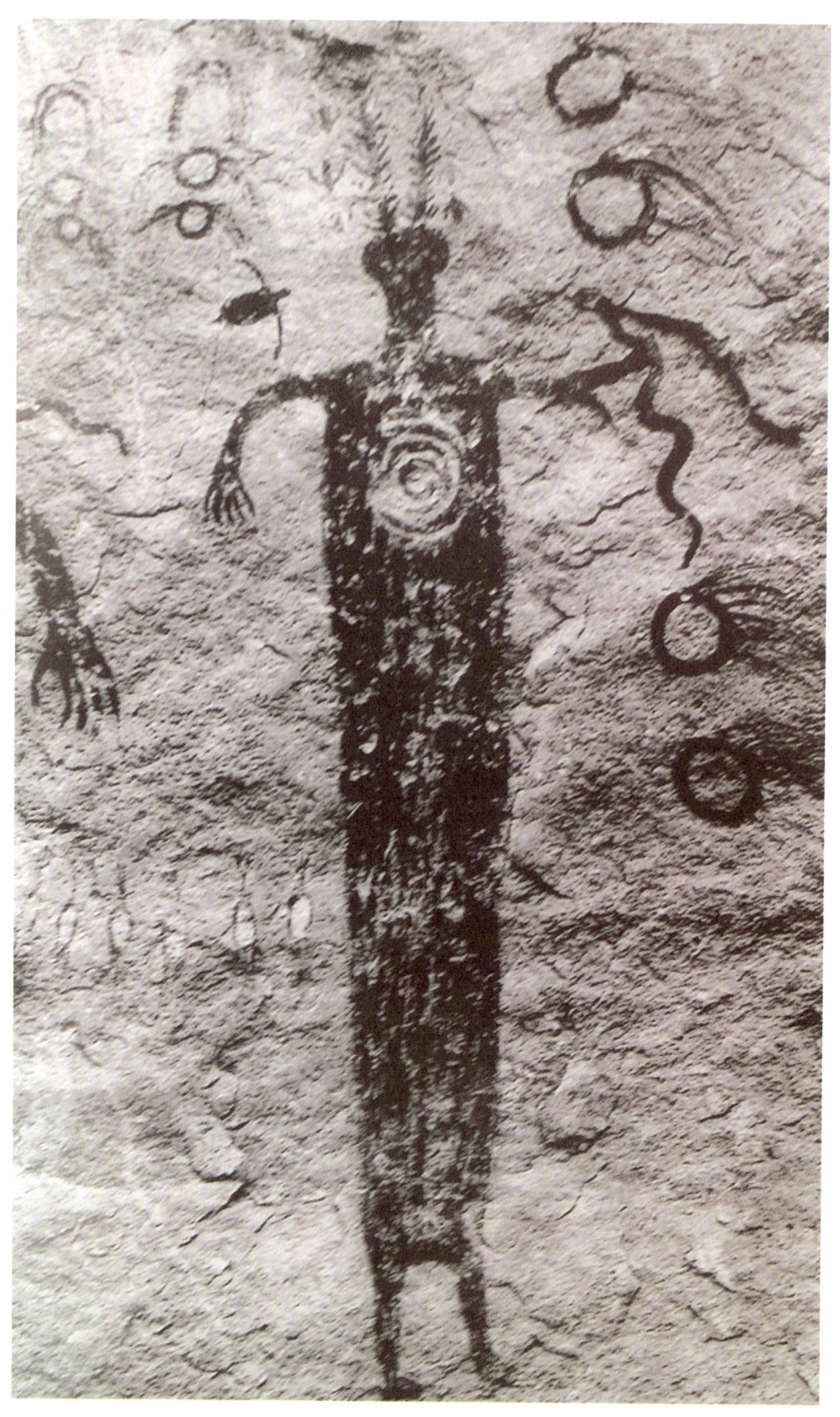

神秘的莫切文化因其文化发源地莫切河谷而得名，分布于秘鲁沿海，经济以农业为基础，年代有公元200年—700年、公元50年—800年等说法。

北美印第安人崇拜灵蛇，美国西部犹他州有一幅被学者称为《巫师》的岩画，萨满巫师头戴羽毛，一手下指，一手上举，上举的手握着一条蛇，人像的胸部还有多层螺旋。据说这类形象意味着巫师已经同天地沟通起来——蛇与多层螺旋的联系当是萨满文化的传统。（如图1-57）

犹他州有一处人们持续制作岩画的岩石，我们在上面看到与蛇相联系的多种类似太极图的纹饰。（如图1-58）这种经年累月作画的地方，很可能是当地重要的宗教场所，人们的主要祭祀之地。

环太平洋文化圈中，南岛语系的存在表明，浩瀚的大洋从来不是将不同族群隔

图1-57 美国犹他州《巫师》岩画（图片来源：陈兆复、邢琏：《世界岩画Ⅱ·欧、美、大洋洲卷》，文物出版社2011年版，第187页。）

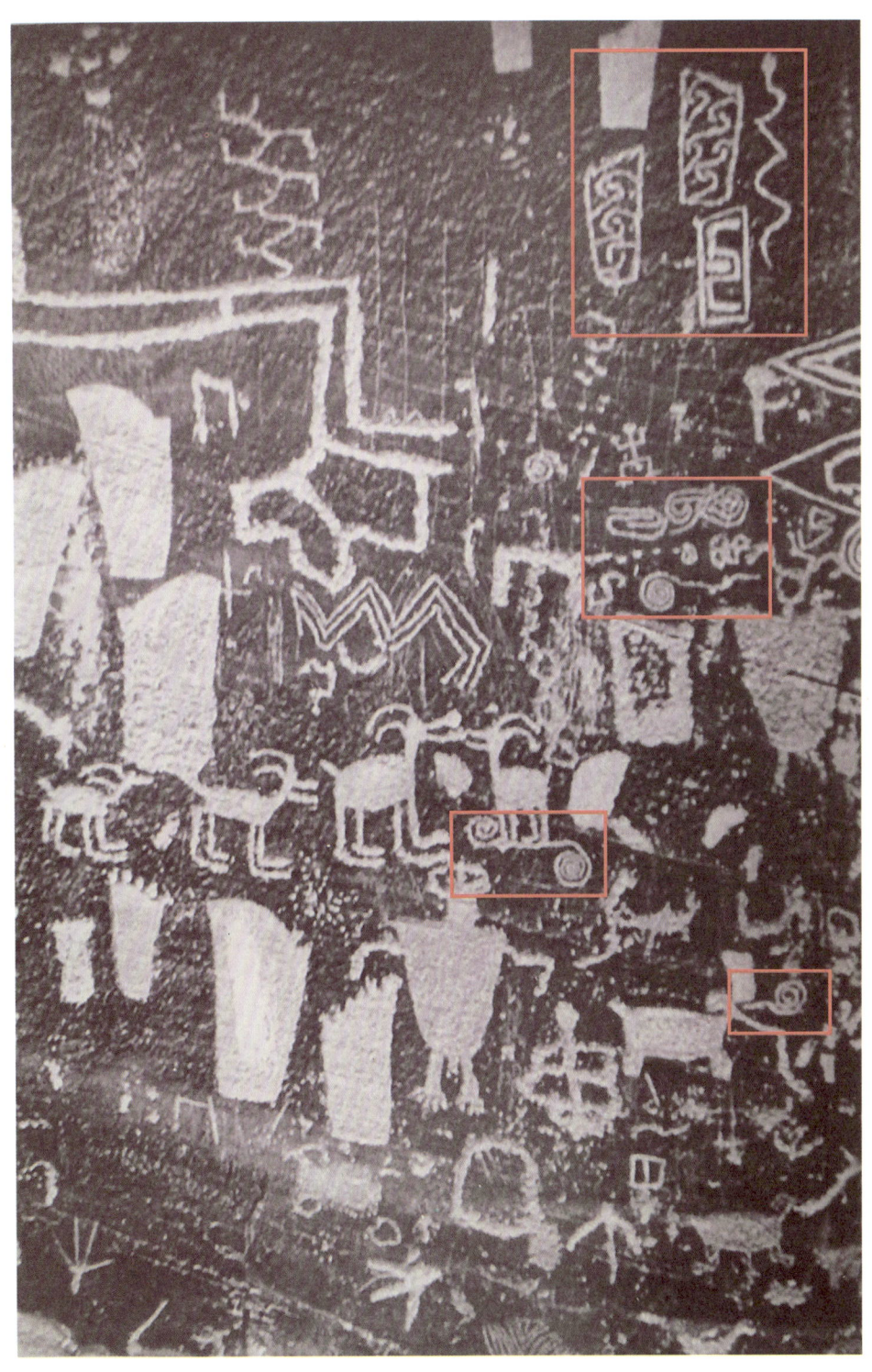

图1-58 犹他州的这幅岩画值得重视,红框部分,作者将蛇与类似太极图的螺旋纹画在一起(图片来源:陈兆复、邢琏:《世界岩画Ⅱ·欧、美、大洋洲卷》,文物出版社2011年版,第188页。)

离开的深渊，而是不同文化交往的高速路。（如图1-59）

在南岛语系区域内，澳大利亚原住民有蛇创世的神话，其中蛇既被视为创造者，也被视为破坏者。相传，虹蛇尤尔伦古尔曾将动物、植物、始初的两姐妹及其子女吞入腹中，后来又吐出。所以，当地原住民举行成人仪式之际，通常表演始初的两姐妹及其子女被尤尔伦古尔吞入腹中，作为再生之前的象征性死亡。成年仪式结束时，则表演被巨蛇吐出，以示获得再生。而虹蛇常常被描绘成盘卷在一起的螺旋形象。（如图1-60）

在太平洋的波利尼西亚地区，人们普遍崇信大神坦伽罗阿，他被奉为创世者和乾坤整顿者，众神之父，又被视为海洋和鱼类的司掌者，渔民的保护神。其形象为一大蛇缠绕，还伴有好多类似"阴阳鱼"太极图的纹饰——在波利尼西亚地区各民族的图腾柱上，这类太极图纹饰可谓司空见惯。（如图1-61）

毛利人（Maoris）是新西兰的原住民，相传他们10世纪后自波利尼西亚中部的社会群岛迁来。有学者研究发现，毛利人是四千多年前从台湾迁出的，他们同"台湾原住民"在建筑风格上仍然基本相同。

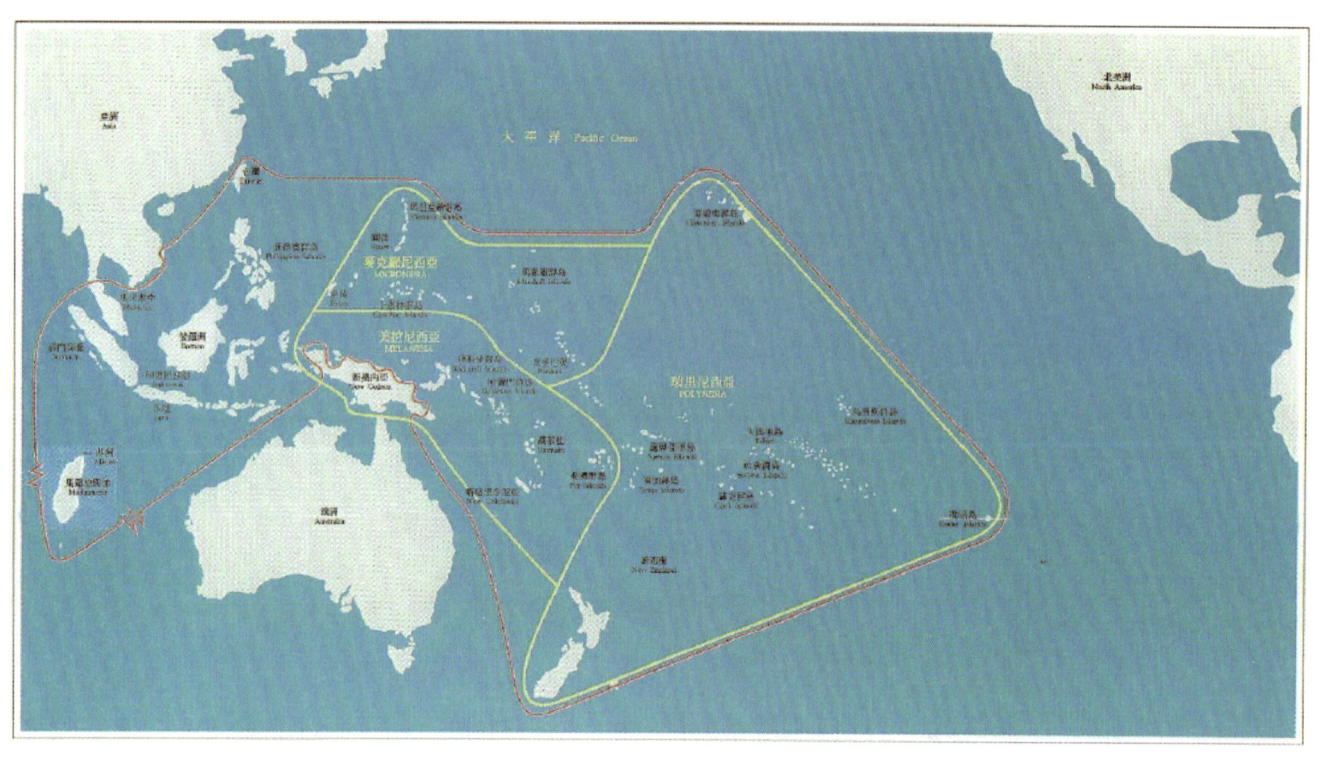

图1-59 南岛语系是世界上唯一主要分布在岛屿上的语系，其分布东达南美洲西方的复活节岛，西到东非外海的马达加斯加岛，北起台湾，南至新西兰，总人口约两亿人（图片来源：《国立台湾大学人类学系标本陈列室·台湾史前文化与原住民物质文化展简介》，台湾大学出版社1995年版，第13页。）

图 1-60 虹蛇尤尔伦古尔是澳洲原住民的"宇宙之蛇"（图片来源：魏庆征：《世界宗教艺术图典》，中央编译出版社 2011 年版，第 4 页。）

图 1-62 天父朗吉和地母帕帕（图片来源：维基百科，网址，https://en.wikipedia.org/wiki/Rangi_and_Papa。访问日期，2015 年 11 月 4 日。）

图 1-61 波利尼西亚大神坦伽罗阿（图片来源：魏庆征：《世界宗教艺术图典》，中央编译出版社 2011 年版，第 4 页。）

据毛利人的创世神话，最初，世界上只有天父朗吉（Rang）和地母帕帕（Papa）。二人紧紧抱在一起，天父与地母结合生出了众神。但因为父母太紧密，这些孩子被困在了黑暗之中。于是六个孩子努力将天父和地母推开，地就这样产生了。有时，天父因思念地母而哭泣，雨水由此产生。

后人描画这一神话，常常表现天父和地母紧紧拥抱在一起，他们的身体上装饰有诸多类似"阴阳鱼"太极图的纹饰。（如图1-62）这和彝族人用太极图表示天父米古鲁、地母靡阿那并没有本质区别——只是更为形象化而已。

在毛利文化中，建筑、衣饰，乃至战筏和武士面部，此类太极图纹饰可谓无所不在。

环太平洋文化圈中，日本与中国一衣带水，日本原住民与中国大陆长期以来交往密切。现居日本北海道的阿伊努人（Ainu），属于蒙古人种和欧罗巴人种混合类型，旧石器时代末期或新石器时代早期曾广泛分布于日本列岛。18世纪以前在堪察加，20世纪以前在库页岛南部、千岛群岛、本州北部也有分布，后被迫退缩至现居住地。据1980年统计，仅存2.4万人。

从建筑到习俗，日本阿伊努人在文化上与中国东北的赫哲族有亲缘关系——有着萨满文化传统的阿伊努人还知道，他们常用的螺旋纹表示蛇。

于晓飞、黄任远在《赫哲族与阿伊努文化比较研究》一书中写道："赫哲人的桦皮刀鞘上面刻有蛇形纹或螺旋纹，这种纹饰在黑龙江沿岸民族中具有代表性。阿伊努人狩猎用的刀鞘上也刻有这种曲线螺旋纹。按阿伊努人的话说，表示太阳蛇。阿伊努人崇拜这种蛇，蛇被看成是最强有力的神灵，而以蛇为保护神的萨满，同样被看作是最强者。"[①]

在环太平洋文化圈中，有的族群存在规整的"阴阳鱼"太极图，有的族群中不存在——从道统（人道）文化到萨满文化，充分显示了该地区文化发展的丰富性和极度不平衡性。

如同侦探一样，我们环绕地球，试图见微知著、以小见大，通过一个小小的图案探索过去数万年来人类文明的核心奥秘，梳理人类文明的基本脉络。当初步完成这一漫长文明探险的时刻，却发现还有太多的奥秘等待着我们。对于雄心勃勃的初心来说，我们只是得到了一些肤浅的认识，归

[①] 于晓飞、黄任远：《赫哲族与阿伊努文化比较研究》，黑龙江人民出版社2002年版，第118页。

纳起来包括以下几点：

人类曾经存在共同的祖型文明——萨满文化，太极图的原型螺旋和灵蛇数万年前出现在人类的祖型文化中，后来遍布全球。否则，我们无法解释为什么世界上那么多的民族将蛇置于神话或信仰的中心，又装饰以太极图的诸多艺术形式。这几乎不可能是自发的或偶然的，因为世界上有太多动物、也有太多的纹饰，但它们很少获得灵蛇和灵蛇太极图那样特殊的文化地位。

从目前的研究来看，人类祖型文化除了太极图，还包括万字符、蹲踞式人形、宇宙树、手印岩画等诸多文化因子，它们也如太极图类纹饰一样遍及全球。

欧亚大陆的西部地区在新石器时代曾为人类文明做出了巨大贡献，太极图最早出现在黑海西部，随着人种的扩散散布到地球的各个角落，从中国西南部的山区一直到中美洲。由于时空上的隔离，这些

图 1-63 阿伊努人刀鞘上的螺旋纹饰（图片来源：〔澳〕巴特莱特（Barbara Aoki Poission）：《世界少数民族风情·日本的阿伊努人》，岳中生译，中国水利水电出版社 2005 年版，第 16 页。）

拥有太极图的文化最后到了"相见不相识"的程度，要结束各民族心理上"老死不相往来"的心态，还有漫长的路要走。

欧亚大陆西部文化演变呈现严重的断裂现象，这种断裂当与数千年来印欧语民族的不断扩张有关。公元前 2000 年前后，这些拥有马拉战车和青铜武器的好战族群开始离开南俄草原，向欧亚大陆的古代文明发起进攻，除黄河流域的中国文化，古埃及、古两河流域和古印度文明都受到了巨大的冲击而走向衰落。由于受印欧语族群扩张影响的程度较小，或者在一定程度上成功抵御了这种扩张，使得人类文明基因在东亚大陆高度发展，中国先贤在阴阳观念基础上建立起了内圣外王一以贯之的复杂文明体系，其影响波及包括美洲在内的广大地区。

从大历史的角度看，西方二元对立思维及其文明体系是人类阴阳观念的异化，这在四五千年前发生在地中海东部地区，随着信奉《旧约》的一神教文明兴起，对现代世界的形成产生了本质性的影响。二元对立思想、知识体系过去一百年来已经在中国西式大学里扎根——对中华文化的演变产生了极大影响。人类绵长的内圣外王道统甚至到了不绝如缕的地步。

在此意义上，我们需要以历史的眼光，世界的视野，重新评价以中国为中心的东方文化及西方文化的价值。未来人类和平的根本不是武器的先进，不是战略的高明，而是人类文化的转型。从古老的欧洲到生生不息的现代中国，我们惊喜地发现：阴阳和合——和平文化才是人类文明的真正底色！

或许这是通过人类阴阳观念与太极图全球比较研究，笔者能告诉世人的最宝贵信息。

乙编　欧亚大陆所见八卦历盘杂考

　　过去一万年来，世界范围内有两个共通的文化现象最值得关注：一是表达人类二元观念的具象太极图；二是表达宇宙时空观念的具象八卦。

　　中国彝族这样的古老族群，在特定的环境中能够保存人类极为古远的历史文化记忆——他们至今依旧认为太极图是缠绕在一起的两条蛇（龙），八卦即八角；四五千年以前，八卦（角）当是沿着欧亚大陆"T"字形文明大走廊，从东方传到了西方。

太极八卦早已成为世人熟知的中国文化符号，但很少有人知道，在过去一万年的时间里，它们是人类共通的文化现象。太极图表达的是人类阴阳观念，八卦表达的是宇宙时空模式。

中国彝族这样的古老族群，在特定的环境中能够保存人类极为古远的历史文化记忆。他们至今依旧认为太极图是缠绕在一起的两条蛇（龙），八卦即八角。彝族中还保留着太极图与八卦的经说（见附录三），并对二者的意义做了很好的说明，这些经包括《物始纪略·输必孜根由》《土鲁窦吉·八卦定八名》等等。

不过，在汉地知识分子中间，太极、八卦这些符号的本来面目却鲜为人知了，他们甚至成为向人炫耀的玄学，成为狭隘民族和历史观念的形象代言。约瑟夫·坎贝尔曾经不无嘲讽地写道："身处伟大文明国度的人们，往往都以笃信不疑的态度解释本民族的象征符号，认为他们以一种独特的方式蒙恩，并与绝对真理直接相连。甚至信奉多神论的希腊人、罗马人、印度人和中国人，都带着怜悯的眼光，高高在上地俯视其他民族的神和文化传统，他们认为自己的神是至高无上的，至少是更优等的。对于信仰一神论的犹太人、基督教徒和伊斯兰教徒而言，其他民族所信奉的神根本都不能算作神，而是魔鬼，他们的崇拜者是邪恶的。几个世纪以来，麦加、罗马、耶路撒冷、贝拿勒斯和北京，都以其特有的方式成为宇宙的核心，它们与光明世界或神的王国直接相连。"[1]

一、八卦即八角

礼失求诸野，有时民间老大娘保有更原始本真的知识。比如陕西民间仍将化阴阳的"混沌"（即生两仪的太极）面馍作成盘蛇的形状，仍将八角习惯性地称为八卦。

左图是陇西千阳的刺绣挂件八卦镜，中间是太极图，周围是八角。值得注意的是，"八卦镜"左上又有一个八角，将一个圆分割成八部分，外圈是突出的八个角——全世界的八角（八卦）主要是"分割八角"与"突出八角"两种形式。汉地的阴阳爻卦画是从数字卦演变过来的，直到汉代才成熟，其发展路径反倒显得十分特殊。

千阳当地流行太阳八卦崇拜，其形象就是以象征太阳的蜘蛛为中心的八角，当地人叫"蜘蛛八卦"。传说先有"蜘蛛八卦"，后有伏羲八卦，伏羲是仿照蜘蛛结网而作八卦的。

八卦（角）用以表示时空观念很可能发源于石器时代，先民普遍将星星、太阳画成八角形状，而人类时空模式必然建基于天文现象基础之上。五千多年前，两河流域的苏美尔人也用八角表示星星，这个字后来发展为楔形文字中的"天神"——其重要性由此可见一斑。

图2-1 陕西千阳刺绣挂件"八卦镜"（图片来源：左汉中：《中国民间美术造型》，湖南美术出版社2014年版，第135页。）

---

[1] 〔美〕约瑟夫·坎贝尔：《指引生命的神话：永续生存的力量》，张洪友等译，浙江人民出版社2013年版，第8—9页。

乙编　欧亚大陆所见八卦历盘杂考

约公元前 年	旋转 0°	约公元前 年	约公元前 年	约公元前 年	表达意义
✳	✳	✳	✳	⊳⊲	天神

图2-2 "星"一词的演变（图片来源：于殿利：《巴比伦与亚述文明》，北京师范大学出版社2013年版，第63页。）

在加喜特王朝统治时期的巴比伦"库都鲁"界碑上（约公元前1125—前1100年），星星被表示成八角图案，而太阳则是在十字基础上又加上四个方向的波状辐射线。（如图2-3）

如同太极图发源于石器时代的萨满文化，八卦（角）也应是这样。萨满艺术中八角状的星星和太阳图案遍及全世界，有时太阳被直接画成光芒四射的人头形。图2-4是南西伯利亚克特人的萨满鼓。鼓圈外侧的五个隆起象征天上世界的五层结构。左边太阳被画成八角形状，中间的蹲踞式人形代表萨满始祖。

极有可能，古老萨满文化已经将八角（卦）用于天文历法，也将之用于占卜，只是由于它们很少被刻在石头上而没有保存下来。

中国萨满文化研究权威富育光先生为我们搜集到了一张满族萨满张七十六玛发（玛发是尊称——笔者注）祖传的天空方位图，就是将天分为九宫。图2-5代表冬季空域图像，吉林省民族宗教研究中心的刘红彬研究员告诉笔者，星图随季节的变化而改变。富育光先生描述道："满族张姓萨满张七十六玛发，记述祖传神谕中也将天分为九域，颇有意思的是，分为头顶天（中央天），然后八方用鹰、鼠、鹿、天鹅、鱼、灵兽、野猪、蛇为代表。《瑷珲十里长江俗记》中，复绘了张七十六玛发用铅笔画过的图式，中天为刺猬。这是萨满时辰季节测定图，又是卜占年景方位

图2-3 加喜特王朝统治时期的巴比伦"库都鲁"界碑，最上一行图案由左到右，分别代表星星、月亮和太阳（图片来源：于殿利：《巴比伦与亚述文明》，北京师范大学出版社2013年版，书前彩图。）

79

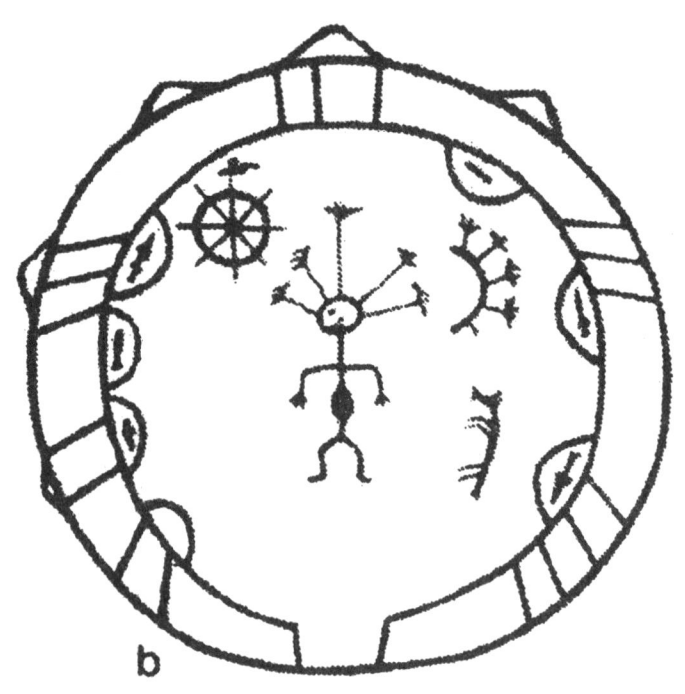

图 2-4 南西伯利亚克特人的萨满鼓（图片来源：米哈依·霍帕尔：《图说萨满世界》，白杉译，内蒙古自治区鄂温克族研究会 2001 年版，第 194 页。）

图 2-5 满族萨满张七十六玛发祖传的天空方位图（图片来源：富育光：《萨满论》辽宁人民出版社 2000 年版，第 363 页。）

图。全图将周天分为九区,均以夜空中一定季节和时辰内所组成的星象图形,以所类似的某种动物形象命名,形成了天空八个方位。头顶上的中天区域中,有时构成刺猬星象。所以多以刺猬来代表中天。这个空域图,是萨满们经过多少代的艰苦细致地观察和总结,不断丰富而获得的。全图是冬令北方空域图像。它与后来在满族一些姓氏中,所保留下来的星图有着直接的延续和发展关系,是后世星图的雏形。图上中心与八方各以动物命名,系与北方满族萨满星图上的冬令'冷星'名字,完全一致,星图是按时针旋转方向运行。"①

中国考古发现的最早八角纹饰发掘自距今约7800年的湖南高庙遗址。它还没有脱离太阳神的形象,在八角星的下面,明显有个人身(如图2-6)。高庙遗址发掘主持人,湖南省文物考古研究所的贺刚教授描述道:"陶釜上的每组八角星图案均由上、下二层划纹组合成一个两手外张的人形模样。其中上层是类于人头的八角星。该八角星是由等长的八条凹弧线连接而成。星内置圆,圆内再刻画由四条凹弧线连成的四边形。在八角星的外围,是填有交错双弧线装饰的圆形天体。下层的人体未画下肢,胸、腰部位分别用圆圈和双折线填充,双肩和手臂则均用连体双头鸟纹表示。整幅图像构思诡谲,俨然如天上的太阳神,与哈萨克斯坦坦加雷岩画上的巨头太阳人有异曲同工之妙。但其头部八角星的内外结构又与高庙文化同时期的太阳神徽大不相同,而与高庙文化晚期遗存中画幅较大的八角星图像雷

图2-6 高庙文化早期的八角星纹饰拓片(图片来源:贺刚:《湘西史前遗存与中国古史传说》,岳麓书社2013年版,第242页。)

---

① 富育光:《萨满论》,辽宁人民出版社2000年版,第362页。

人类文明的基因——人类二元观念与世界文化的分野

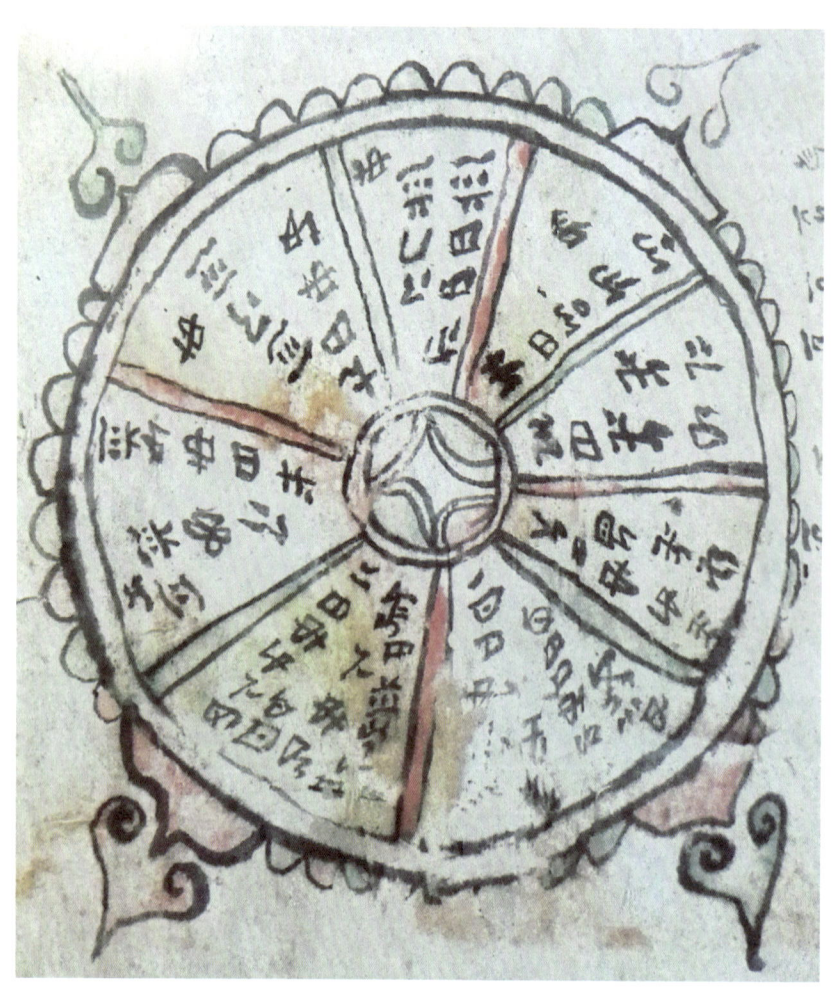

图 2-7 表明二十八宿位置的八卦（角）（图片来源：王继超、陈光明主编：《彝文典籍图录》上，贵州民族出版社 2013 年版，第 220 页。）

图 2-8 彝族"宇宙本源图"，图中间的螺旋是彝族太极图（输必孜）的一种（图片来源：陈长友主编：《黔西北彝族美术：那史·彝文古籍插图》，贵州人民出版社 1993 年版，第 58—59 页。）

同。因此，这幅图像可视为八角星图像的鼻祖。"①

令人感到不可思议的是，在彝族用于天文历算以及占卜吉凶的八卦（角）中间，也多"星内置圆，圆内再刻画由四条凹弧线连成的四边形"，用来代表"大地"（如图2-7）。这种"挂钱"（亦称"绣球"）纹饰对中国的装饰艺术产生了重要影响，一直延续到今天——而它竟然起源于七八千年前！

不过中国八卦很快脱离了"太阳神"的形象，与太极图合在一起，将八角抽象为代表宇宙时空的模型。在彝族文化中，如图2-1那样的太极八卦图示被称为"宇宙本源图"，它是中国文化中最基本的宇宙时空模型，表达的是"清浊气形哎哺，哎哺化输必孜，生八卦（角），生万物"②（如图2-8）。

八卦起源于清浊（阴阳）二气的交互运动，彝族经典《宇宙人文论》专有《清浊二气运行轨道》一篇论述，并附"清浊二气运行轨道图"，它对于我们理解阴阳与八卦的有机联系十分重要。（如图2-9）。

该图设计精妙，以青色实线四条代表清气运行，与红色实线四条代表浊气运行，中间的虚线为青、红二线的交轨之处。气运的不同，产生季节上的八节变化。据《宇宙人文论》，其八角（卦）的具体意义是：

①青　冬分青位得　红位得　黑　北水
②白　冬后（入）青位得　红位得　黑　东北间
③青　春分青位得　红位得　青　东木
④白　春后（入）青位得　红位得　青　东南间
⑤红　夏分青位得　红位得　红　南火
⑥红　夏后（入）青位得　红位得　红　西南间
⑦白　秋分青位得　红位得　白　西金
⑧白　秋后（入）青位得　红位得　白　西北间③

历史有时显得过于不可思议。宋以后汉地学人亦用（太极图）阴阳消长变化之象推演八卦，只是他们已经忽视了八卦的历法意义。比如将"太极图"正式命名的明末赵仲全，在其《道学正宗》中，划分他所谓的"古

---

① 贺刚：《湘西史前遗存与中国古史传说》，岳麓书社2013年版，第241页。
② 陈长友主编：《黔西北彝族美术：那史·彝文古籍插图》，贵州人民出版社1993年版，第59页。
③ 《宇宙人文论》，陈英、罗国义译，民族出版社1984年版，第70页。

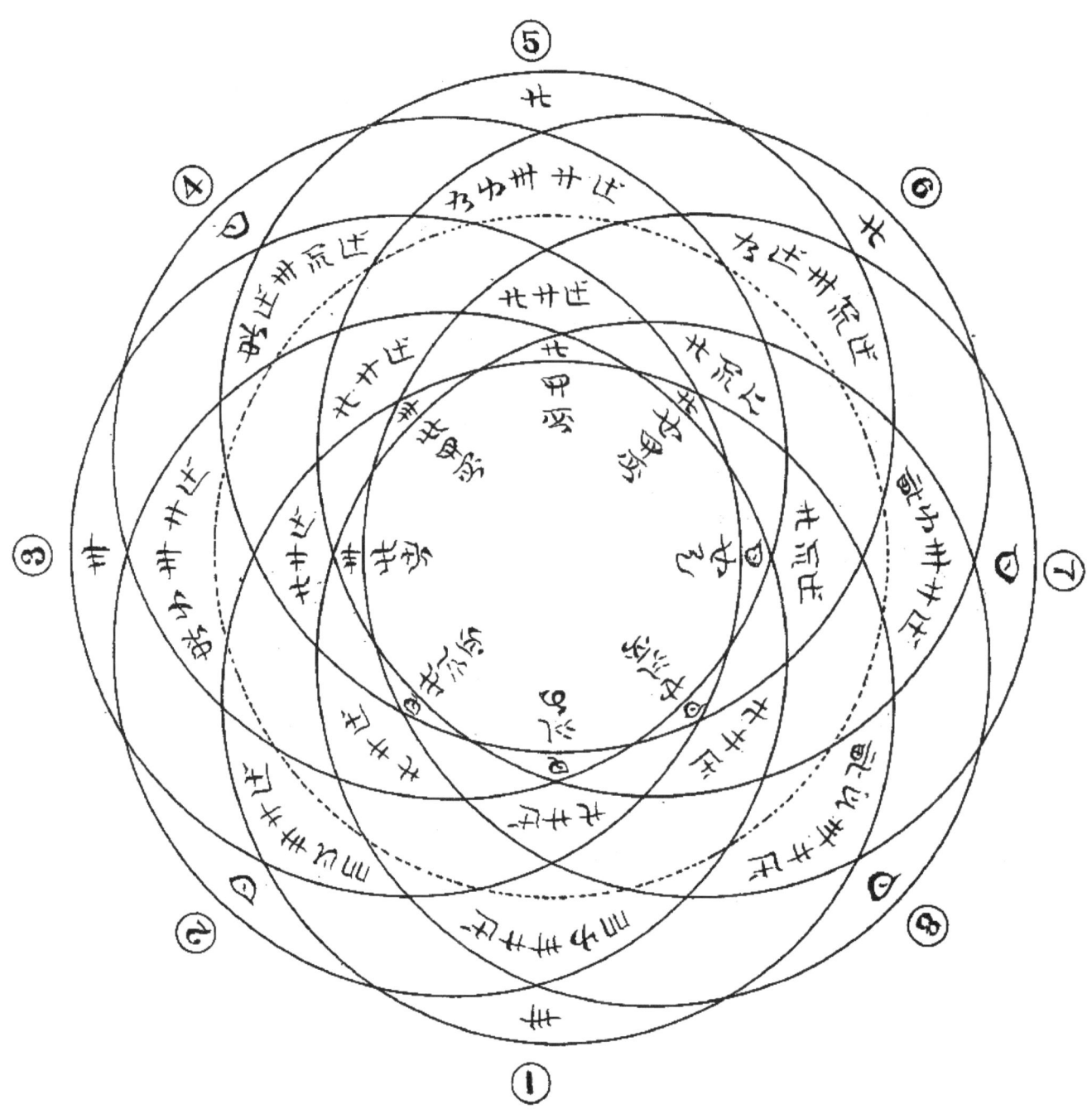

图 2-9《宇宙人文论》中的"清浊二气运行轨道图"。一年之中,清浊二气的运动有八条轨道,引起寒热变化,并产生气候上的八节——阴阳、八卦(角)之间的有机联系在此表现得十分清楚(图片来源:《宇宙人文论》,陈英、罗国义译,民族出版社1984年版,第69页。)

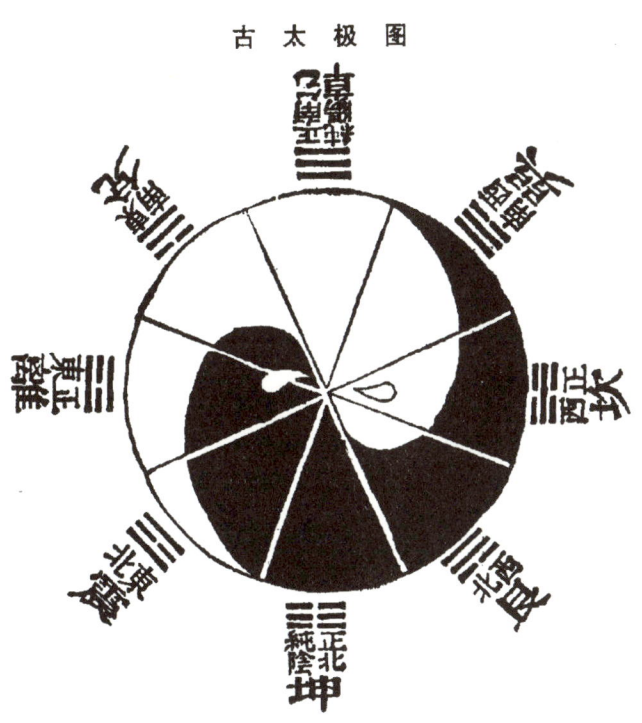

图 2-10 明末赵仲全《道学正宗》中的"古太极图",以阴阳消长推演八卦(图片来源:刘保贞:《〈易图明辨〉导读》,齐鲁书社 2004 年版,第 162 页。)

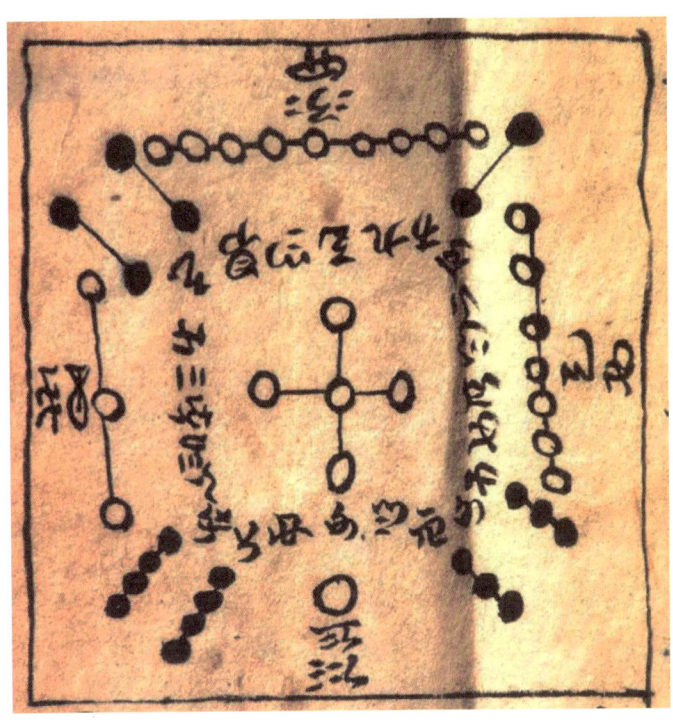

图 2-11 彝族洛书"十生五成"(图片来源:陈长友主编:《黔西北彝族美术:那史·彝文古籍插图》,贵州人民出版社 1993 年版,第 84 页。)

太极图"为八角,将八卦卦爻阴阳位数与"阴阳鱼"黑白变化的度数严格对应起来。(图 2-10)赵仲全在书中写道:"古太极图,阳生于东,而盛于南;阴生于西,而盛于北。阳中有阴,阴中有阳,而两仪,而四象,而八卦,皆自然而然者也。"①

汉地人的这种做法很可能受到了彝族文化的影响。因为明初著名文臣宋濂曾明确指出,南宋罗愿(1136—1184 年)画过赵仲全这类"古太极图",它来自四川的隐者。四川是彝族聚居之地,也是藏羌彝走廊的核心地带——从具体形式到历史记载,太极图西来的痕迹十分明显。宋濂说:"新安罗端良愿作阴阳相含之象,就其中八分之,以为八卦,谓之'河图';用井文界分'九宫',谓之'洛书'。言出于青城山隐者,然不写为象。"② 不过,罗愿将之称为"河图"——宋以后至明,易图称谓之乱,大体如此。

同时,彝族先民还将八卦(角)赋予数理意义,这就是洛书,在彝族文化中称"十生五成",而汉地的河图,在彝族文化中则叫做"五生十成"。作为数理化的时空模式,它们在彝族天文、历法、医学、占卜中起着重要

---

① 刘保贞:《〈易图明辨〉导读》,齐鲁书社 2004 年版,第 161—162 页。
② 刘保贞:《〈易图明辨〉导读》,齐鲁书社 2004 年版,第 162 页。

作用。(见附录三)

《土鲁窦吉》是彝族重要的天文历法书,翻译者王子国先生整理出了"彝族八卦综合简表",(图 2-12)能使我们对彝族八卦的特点有更清楚的认识。首先,彝族八卦只有八角,而没有阴阳爻卦画;其次,各卦所代表的自然物与五行联系得更紧密,保留着八卦脱胎于五行的较原始形式;最后,八卦在历法推算中仍起到重要作用。

图 2-12 彝族八卦综合简表(图片来源:《土鲁窦吉》,王子国译,贵州民族出版社 1998 年版,第 68 页。)

卦名		方位	自然数	自然物	人	体	季　节	日数
哎	乾	南	9	金	父	首	孟夏仲夏	72
哺	坤	北	1	水	母	腹	孟冬仲冬	72
采	离	东	3	木	中男	目	孟春仲春	72
舍	坎	西	7	火	中女	耳	孟秋仲秋	72
木确	宫	中	5	土			季　夏	
鲁	震	东北	8	山木	长男	足	季冬季春间	18
朵	巽	西南	2	土火	长女	股	季夏季秋间	18
哼	艮	西北	6	石水	少男	手	季秋季冬间	18
哈	兑	东南	4	禾金	少女	口	季春季夏间	18

除了彝族,主要聚居于贵州省南部及东南部地区的水族八卦也呈八角形式。同藏羌彝走廊许多民族一样,水族经历了从中原以及西北,再南下的过程,所以保存有大量中华古文化信息。水族的八卦与历法相关,但他们并未发展出洛书这样的数理化形式。①

水书《连山易》中有"连山八卦图",据阳国胜、曾惠燕两位先生介绍,这个无字"连山八卦"图反映的是一年十二月的物候变化规律:图的东、北、西、南四极的四个符号代表春、夏、秋、冬四季,分别用水书的"木""火""金""水"四个字表示。除东西南北四极外,图中还画有八个物象符号代表立冬、冬至、立春、春分、立夏、夏至、立秋、秋分八节,对应汉地的"乾""兑""坎""巽""震""坤""离""艮"八卦。(如图 2-13)

在拙著《斯文在兹:中华文化的源与流》一书中,笔者结合《管子》

---

① 与贵州水书研究专家韦章炳先生的私人谈话,2016 年 7 月 13 日。

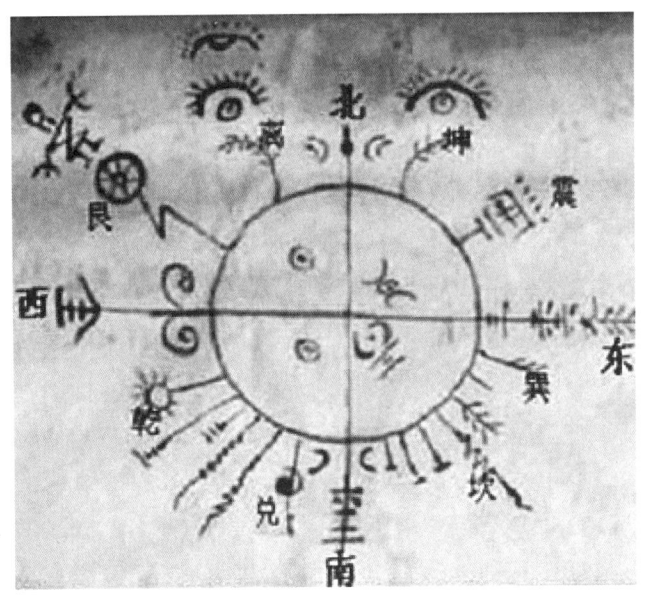

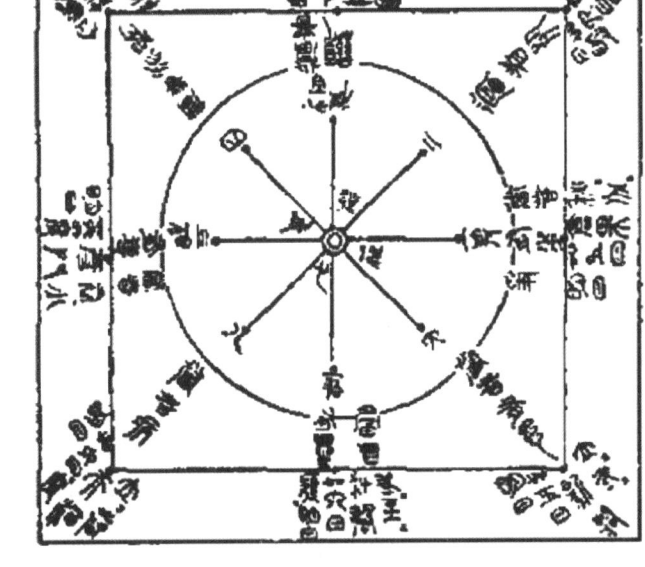

图 2-13 水书《连山易》中的"连山八卦图"（图片来源：阳国胜、曾惠燕：《〈连山易〉研究》，载《怀化学院学报》2014年6月。）

图 2-14 西汉汝阴侯夏侯灶墓出土的"太一九宫占盘"（图片来源：翟玉忠：《斯文在兹：中华文化的源与流》，中央编译出版社 2014 年版，第 8 页。）

和《淮南子》等文献，曾详细论证洛书代表的重要内容是古代四时、八节、十二月历法。①

洛书的原型是八角，这在史籍中可略见一斑。比如南宋罗泌《路史·后记·太昊伏羲氏》引道家壶子言曰："伏羲法八极，作八卦。"这段话明确指出，画八卦的伏羲所依据的是八角。

直到西汉时期，人们仍用八角形配之以洛书九宫中的数字。1977年，安徽阜阳县双古堆西汉汝阴侯夏侯灶墓出土了"太一九宫占盘"（如图2-14），该盘制作年代为汉文帝七年（公元前173年），已经有两千多年的历史。

基于现实经验，以数理形式表达自然规律是现代科学的基本特征。洛书、河图是人类最早的宇宙时空数理模型，在此意义上，洛书、河图可以说是现代科学的滥觞。那么，二者起源于何时呢？

---

① 翟玉忠：《斯文在兹：中华文化的源与流》，中央编译出版社 2014 年版，第 2—35 页。

笔者认为，它们起源于五千年前的中国。

二、洛书河图形成于何时

世界上没有一个地方像中国这样，过去一万年来出土如此多的八角（卦）纹饰，也没有一个地方像中国这样，明确将八角作为宇宙时空的数理模型。可以说，八卦源于中国。

贺刚教授曾将八千年来中国各地出土的八角纹饰作了汇总，发现它最早出现于近八千年前的高庙文化，并伴随该文化延续了1500年。在大溪文化时期，也就是距今约6300—6500年前，八角纹饰最先向长江下游和黄河下游传播。在距今约5000年前后进入黄河上游和辽河流域。比如主要分布在山东的大汶口文化，就是从距今5200年前才开始出现八角星纹饰。

图2-15 南京博物院藏大汶口文化八角星纹彩陶盆（图片来源：阿城：《洛书河图：文明的造型探源》，中华书局2014年版，第14页。）

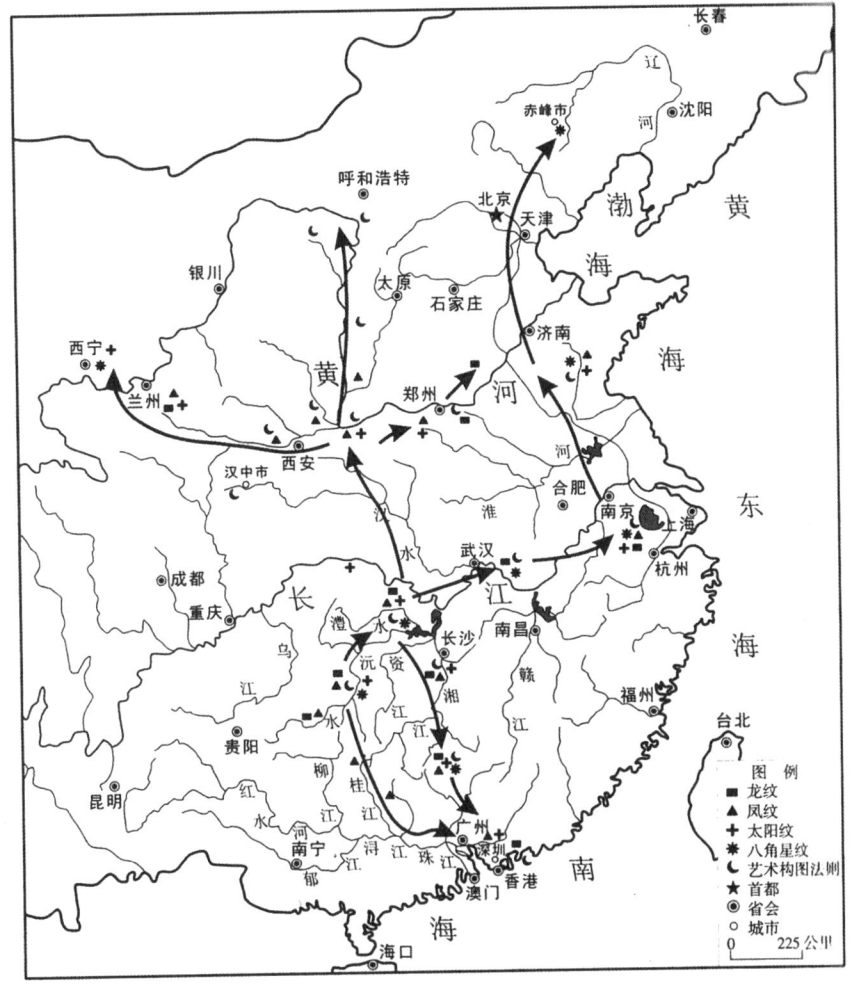

图 2-16 高庙文化相关文化因素的传播路线图，其中八角星纹用星号表示（图片来源：贺刚：《湘西史前遗存与中国古史传说》，岳麓书社 2013 年版，第 414 页。）

贺刚教授还绘制了八卦（角）的传播路线图。（如图 2-16）美中不足的是，此图中未标出民族学资料所显示的汉羌彝走廊的八角纹饰。从甘肃至云南广大西部地区，八角纹饰至今仍在当地诸多少数民族文化中司空见惯，它甚至在某些民族的天文历算中仍占据重要地位。

比如苗族服饰上有大量八角纹饰，它们被苗族群众称为"蝴蝶纹"，象征生命之源与人口繁衍。据《苗族古歌·枫木歌》，苗族祖先是"蝴蝶妈妈"，苗语称"妹榜妹留"——八角实际也是苗民祖先的象征。（如图 2-17）

彝族人将艺术化的"宇宙本源图"作为服饰。这种纹饰中间有螺旋状的太极图"输必孜"，外面是八卦（八角），彝族称之为"天地八卦纹"。（如图 2-18）

图 2-17 贵州六盘水市苗族的背儿带（图片来源：阿城：《洛书河图：文明的造型探源》，中华书局 2014 年版，第 18 页。）

图 2-18 彝族的天地八卦纹女头帕（近代）（图片来源：陈长友、王继超主编：《彝族美术：黔西北民间工艺美术辑》，贵州教育出版社 1995 年版，第 159 页。）

在东亚古代文化中,太极八卦被多个民族赋予万物之源的含义。今天的学者不能因为看到八角与古代织机上的零件一模一样,就妄下论断说八卦(角)源自织机"滕花",也不能因为八卦(角)与天文历法有关,就说八卦来自立竿测影。要看到,"形似"并不能说明八卦的源头,八卦本身代表宇宙时空模式,且多具有数理意义。

那么,是从什么时候起,八角被赋予数理意义,成为洛书的呢?笔者认为是八角纹饰 5000 年前进入黄河上游地区之后。因为考古学证据表明,正是在这段时期,"原始洛书"在中华大地上出现了。

最著名的"原始洛书"是安徽含山县长岗乡凌家滩距今 5000 年的新石器遗址出土的玉版。(图 2-19)《凌家滩——田野考古发掘报告之一》描述这个编号为 87M4:30 的玉版时说:"两短边上各对钻 5 个圆孔,一长边上对钻 9 个圆孔,另一长边在两端各对钻 2 个圆孔。玉版中部偏右琢一小圆,在小圆内琢刻方形八角星纹,小圆外琢磨大圆。大小圆之间以直线平分为八个区块,每区域内琢磨圭形纹饰一个。在大圆外沿圆边对着玉版四角各琢磨一圭形纹饰。长 11、宽 8.2、厚 0.2 厘米~0.4 厘米。"[①]

图 2-19 安徽含山县长岗乡凌家滩出土的编号为 87M4:30 的玉版,1987 年出土(图片来源:阿城:《洛书河图:文明的造型探源》,中华书局 2014 年版,第 9 页。)

---

① 安徽省文物考古研究所编:《凌家滩——田野考古发掘报告之一》,文物出版社 2006 年版,第 47 页。

在拙著《斯文在兹：中华文化的源与流》一书中，笔者曾指出凌家滩先民是用玉版表达四时八节历，而玉版上面九个孔有两个几乎交叠在一起，所以可以认为是八个。与下面的四个孔一起正好表示"四时八节"。① 现在看来，这种推论有太多猜想成分。玉版两边的双五，可能表达的是洛书的原名"十生五成"，而上下的"九""四"，表达的是洛书两个相邻的阴阳数。

事实上，考古发现的"十生五成"或"五生十成"图不止这一个，可能由于其他文物皆为岩画，断代不易，故鲜为人知——它们分布地域十分广泛。

一个岩画发现于山西省吉县东城乡西村柿子滩遗址。这个发现于"岩棚"下的岩画有两方，用赭红色颜料绘制，二者相距仅 0.5 米。第一方高 20 厘米、宽 17 厘米；第二方高 27 厘米、宽 44 厘米。《山西吉县柿子滩中石器文化遗址》的作者将其年代确定为 1.2 万年前开始的中石器时代。②

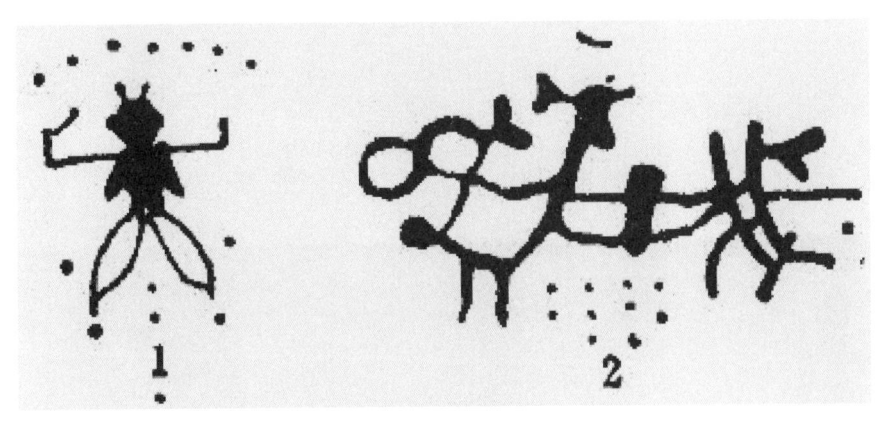

图 2-20 山西省吉县柿子滩遗址岩画（图片来源：解希恭、阎金铸、陶富海：《山西吉县柿子滩中石器文化遗址》，载《考古学报》1989 年第 3 期，第 319 页。）

但中国社会科学院考古研究所研究员叶茂林先生认为，柿子滩遗址岩画的年代当在新石器时代或其以后，理由是岩画的内容是与农业生产有密切关系的原始祈年巫术仪式。③

无论岩画年代如何，我们都能看出，第二方岩画实际上是由两个"五"

---

① 翟玉忠：《斯文在兹：中华文化的源与流》，中央编译出版社 2014 年版，第 33 页。
② 解希恭、阎金铸、陶富海：《山西吉县柿子滩中石器文化遗址》，载《考古学报》1989 年第 3 期。
③ 叶茂林：《山西吉县柿子滩遗址岩画辨疑》，载《考古》1992 年第 5 期。

构成的"十",而第一方岩画则是上"七"下"六",如凌家滩遗址出土的玉版一样,是洛书中相邻的两个奇偶数字。

叶茂林先生在广西左江岩画中,发现了一幅与山西柿子滩遗址岩画有异曲同工之妙的作品,二者都是蹲踞式人形居中,旁边有以数字表示的点。(图2-21)其中最下面的点是十五个,而上下的点分别是三和九——从中国北部到中国南部,这种相隔千里造型上的一致难道只是巧合吗?

总之,明确的考古学证据表明,至晚约五千年前,中国先贤就将八卦(角)数字化,发明了洛书。2016年6月22日,笔者在青海省博物馆看到一件距今4600年前的半山类型"S"纹彩陶壶。(图2-22)其"S"的两个环中竟有九宫的纹饰,且加点强调,这不是另一种形式的"宇宙本源图"吗?该彩陶壶设计之精妙,令人叹为观止!

另外,在历法占卜中藏族也格外重视洛书,且九宫数字的排布可以随年宫(中间一宫)的变化而变化。著名藏文化学者黄明信先生曾指出,西

图2-21 广西左江岩画上的"原始洛书",一般认为左江岩画是战国至东汉时期(公元前475—公元220年)壮族先民骆越人创作(图片来源:叶茂林,《山西吉县柿子滩遗址岩画辨疑》,载《考古》1992年第5期。)

图2-22 距今4600年前的半山类型"S"纹彩陶壶,2016年6月22日笔者摄于青海省博物馆

藏的五行、八卦、九宫、十二建除、二十八宿等是7世纪后，随着汉、藏之间交流的日益加深，从汉地引入的。[①] 不过也有学者暗示这些文化因素传入藏地的时间可能更早。[②]

藏语中的八卦名称，明显是音译自汉语，八卦所代表的事物亦与汉地全同，八卦来自汉地的痕迹是极为明显的——青藏高原的太极图案传自印度，而八卦九宫却源自汉地，欧亚大陆古代文化交流的复杂性由此可见一斑！

笔者在青藏高原考察时注意到，如同欧亚大陆上众多民族都将幻方当作护身符一样，洛书在西藏已经成为一种召祥辟邪的重要符号——甚至在外出差时，西藏人也要带上刻有洛书的铜牌或银牌。

三、欧亚大陆所见八卦历盘

中国之外，古罗马、俄罗

[①] 黄明信：《西藏的天文历算》，青海人民出版社2002年版，第7页。
[②] 王尧：《古代哲学思想的交流——"河图、洛书"、"阴阳五行"、"八卦"在西藏》，载《传统文化与现代化》1995年第5期。

图2-23 乌克兰传统服饰上的八角纹饰，2016年6月18日笔者摄于乌克兰驻中国大使馆

斯、芬兰等欧亚大陆许多国家的传统装饰图案都有八角纹饰。但很少有国家像乌克兰民族服装上的八角纹饰那样突出，绚丽多彩。

那么，乌克兰的八角也如中国的八卦一样，具有历法和时空的意义吗？答案当是肯定的。

2016年4月22日，笔者在参观乌克兰国家历史博物馆时，偶然发现一个中间带有八角纹饰的历盘。我第一眼就有一种似曾相识的感觉，但又一时想不起来在哪里见过。旁边的文物说明如下：

"日历盘，第聂伯中游文化，公元前第三千纪晚期至公元前第二千纪早期，Bortnychi，基辅地区。"

后来我多方询问乌克兰专家，想弄清楚它的意义，但他们也说不清楚。回到北京后，我一直在思索，在崇拜万物之母女神的古欧洲社会已经基本落幕之际，这个陶制的盘子到底是什么意义呢？

有一天，我索性将照片打印在A4纸上，细致观察研究——历盘中间是一个密集短竖线切割而成的圆，被同样的密集短竖线分为八角，外边是锯齿形圆圈，锯齿的数目是28个；再外还有一个被密集短竖线切割而成的圆，然后又是锯齿形圆圈，锯齿的数目是35个。（如图2-24）28？35？古往今来地球上哪有这样的天文周期！

我百思不得其解，干脆将"28、35、周期"三个关键词打到百度上。搜索结果一出来我就明白了：这个历盘表示的是妇女正常月经周期28至35天——4000年前，乌克兰先民已经准确掌握了妇女的月经周期，并将它刻在了历盘上面！

这个代表月经周期的历盘，也从反面证明八角在古代欧洲很可能与历法相关。无奈，古代欧洲的八角资料十分贫乏，客观条件不允许我们做进一步研究。

在基本弄清乌克兰国家历史博物馆日历盘的意义后，还有一个问题萦绕在我的心头，就是那种似曾相识的感觉，让我不安。我到底在哪里见过类似的盘状物呢？

直到两个月后，2016年6月22日，我在西宁青海省博物馆看到青海省大通县上孙家寨汉墓出土的"日光铭纹镜"，镜子背面有四时、八节、十二月标识，才疑惑顿开：两千多年前汉代铜镜的纹饰与乌克兰国家历史博物馆日历盘多有相似之处——二者都有八角，都用密集短竖线组成圆圈分割

乙编　欧亚大陆所见八卦历盘杂考

图 2-24 代表妇女正常月经周期 28 至 35 天历盘，作者 2016 年 4 月 22 日摄于乌克兰国家历史博物馆

图 2-25 青海省大通县上孙家寨汉墓出土的"日光铭纹镜"，上面的历法意义十分清楚，以钮为中心，分为四个部分，每个部分三个月（点），又用三条竖线细分为八部分，代表八节，外圈八角图饰与此相呼应，作者 2016 年 6 月 22 日摄于西宁市青海省博物馆

图 2-26 西汉洁清白镜，径 18.5 厘米，扬州市博物馆藏（图片来源：《中国青铜器全集》卷 16 "铜镜"，文物出版社 1998 年版，第 51 页。）

图 2-27 阿兹特克太阳神庙庙顶的祭石（图片来源：〔法〕格鲁金斯基：《阿兹特克：太阳与血的民族》，马振骋译，汉语大词典出版社 2001 年版，第 159 页。）

图 2-28 手拿棕榈树茎的智慧女神塞丝哈特
（图片来源：维基百科，网址，https：//upload.wikimedia.org/wikipedia/commons/7/71/Seshat.svg，访问日期，2016 年 7 月 13 日。）

相关区域。(如图 2-25)

后来笔者检索《中国青铜器全集》卷 16 "铜镜",发现多个带有八角纹饰(原作者称"八连弧纹")的铜镜,其中江苏扬州出土的西汉洁清白镜最能体现四时、八节、十二月的历法含义。(如图 2-26)

当然,西汉的铜镜已经失去了历法的实际意义,明显具有装饰功能。但其中的八卦(角)仍保存着历法的痕迹,造型上与东欧的"八卦历盘"多有相通之处——这不禁让人想到,四五千年以前,八卦(角)是沿着欧亚"T"字形文明大走廊,从东方传到了西方。

最后需要指出的是,在非洲和美洲,同样存在八角与历法直接联系的证据。比如玛雅的太极图,本身就指向八方,结构上类似于彝族"宇宙本源图",但它实际上描述的是玛雅人时空观念宇宙树。(如图 1-55)郑毓新先生解释说:"玛雅中央宇宙树有如中国易经的二仪、四象、八卦及阴阳五行。它是一个抽象符号,代表玛雅阴阳、生命之气的升降出入、四方位、天气、历法周期、天人地合一的哲学思维。玛雅文化、艺术、医学、政治、经济、社会的各个层面均以中央宇宙树为核心。离开了中央宇宙树,玛雅文化就荡然无存。"①

中美洲著名的阿兹特克历法石上刻有八角纹饰,阿兹特克太阳神庙庙顶的祭石也刻有八角,它似乎暗示着太阳与八角存在某种联系。(如图 2-27)亦有可能,太阳神的基本装饰就是八角,因为阿兹特克历法石中心的吐舌人脸是阿兹特克人的太阳神托那迪尤。

塞丝哈特(Sesha)是古埃及的书写、测量与智慧女神。她常常被描画成头顶八角纹饰(其中一角实际与头相连),手拿带刻度的棕榈树茎——这个树茎专门用以记录时间,特别是分配给法老一生的时间。(如图 2-28)

八角纹饰,同新石器时代的太极图一样,是人类文明史上最为激动人心的篇章。我们对它的研究揭示出不同文明之间诸多相通之处——不仅是八角纹饰本身,还包括东西方文明交流的细节,这种交流比一般学人想象得可能要早得多,也复杂得多。

而我们的研究工作才刚刚开始……

---

① 郑毓新:《玛雅医学及其与中医学的初步比较》,中国中医科学院,2006 年 5 月,第 29 页。

丙编 "太极图说"六种

中国文化继承和升华了智人走出非洲后数万年的人类文明成果，在周代就摆脱了萨满文化的神话传统，通过由巫及礼的理性化重构，完成了人类文明的人本主义革命，创造了以人为本的"人道文化"；西方的发展呈断裂式，从文化上讲是在二元对立思维的基础上将人类古老的神话传统固化了。直到今天它仍然建基于《旧约》神话体系之上，尽管15世纪以来西方社会高度世俗化和商品化了，宗教的神圣性不断流失，但并未实现"真正"的人本主义转化，整体上说仍然是以神为本的"神道文化"。

对萨满文化的理性人本升华，使中国文化道气（器）合一，德法合一，政教合一，没有走入西式二元对立的哲学观念，将神性与人性、宗教与世俗、政治与教化两分，这成为中国持久和平国运的基础。

《易·系辞上》云："一阴一阳谓之道，继之者善也，成之者性也。"阴阳观念成就了中华文化内圣外王的道统，构筑了高度复杂统一的中国古典学术体系——这是人类文明的巅峰之一，它不仅属于中国，更属于全世界——值得21世纪的人类认真研习。

司马迁说写《史记》，"欲以究天人之际，通古今之变，成一家之言"，对于全球化时代的我们来说，光"究天人之际，通古今之变"已经不够了，还要"明东西之分"！

东西方的根本区别在哪里？

答曰：文明基因二元观念上的本质之同。西方人的二元观念是截然对立的，而中国人的二元观念是阴阳学说，阴阳之间相生相克，互根互系。东西方文明范式因此而根本不同，影响了从信仰教化到知识体系的方方面面。

东西方这一关键分野何时发生的呢？

著名考古学家、美国科学院院士张光直先生从考古学的角度，认为它发生在公元前三千多年前，两河流域苏美尔人（他称苏末人）创立的乌鲁克文化，具体表现是人与神的两分。张光直先生写道："它（指苏美尔文明——笔者注）的宇宙观与中国—玛雅文化连续体有非常大的分歧。它有一个与人截然分开的神界，这些神具有造物的力量，包括创造生命的力量。这种宇宙观和与国家分立的庙宇的产生是有密切关系的。国家和庙宇都是土地占有者。在这种情况下，亲属制度被破坏，亲缘关系为地缘关系所取代。这样，从苏末文明到两河流域一系列新的文明现象，一直到后世的古典时代希腊罗马的文明所呈示的现象，与西方社会科学家所谈的文明起源的情况完全符合。苏末这个突破性的文明，成为现代西方文明的一个最主要源泉。"[①]

约瑟夫·坎贝尔是从文字记载的角度论证这一问题的。他将人与神、物质与精神分立的情况称为"神话的分裂"，这一"分裂"发生在公元前两千年。坎贝尔指出："最早的可靠迹象出现在公元前2000年美索不达米亚的文字记载中。国王和他的神之间开始有了区别，他不再是像古埃及法老一样的神王，而仅仅是服务于神的普通人，被称作神的'佃农'。他统治的城市是神在世间的财产，他自己只不过是主管或受命管理的普通人。而且，从那个时期开始，在美索不达米亚出现了神创造人并把人作为奴隶的神话。人类已经变成了微不足道的仆人，而神是绝对的主人。人类不再是神的化身，而是与神在本质上完全不同的存在，是尘世中、终有一死的自然存在。大地也只是黏土而已。物质和精神已经开始分离，我把这种情况叫作'神话的分裂'，并且我发现这主要是黎凡特后期宗教信仰的特征，在这些宗教中，时至今日最为重要的当然是犹太教、基督教和伊斯兰教。"[②]

从世界历史的大背景上来说，西方建立在二元对立思想基础上的文明范式是人类文明的特殊形态，而非普遍形态——中华文明的发展更具历史的连续性和普遍性。张光直先生将中国文明发生发展方式称为"世界式的或非西方式的"，认为它是连续性的；将西方式的文明产生进程称为"突破性的"。

[①] 张光直：《考古学专题六讲》，文物出版社1986年版，第23页。
[②] 〔美〕约瑟夫·坎贝尔：《指引生命的神话：永续生存的力量》，张洪友等译，浙江人民出版社2013年版，第66—67页。

西方文化的"突破性"除了体现在思想观念上，还体现在技术在文明发生过程中的核心作用。张光直先生写道："我们从世界史前史的立场上，把转变方式分成两种。即把眼光扩展到欧洲、近东、非洲、中东、远东、大洋洲和美洲，我们可以看出两个大空间的不同方式。一个是我所谓世界式的非西方式的，主要的代表是中国；一个是西方式的。前者的一个重要特征是连续性的，就是从野蛮社会到文明社会许多文化、社会成分延续下来，其中主要延续下来的内容就是人与社会的关系、人与自然的关系。而后者即西方式的是一个突破式的，就是在人与自然环境的关系上，经过技术、贸易等新因素的产生而造成一种对自然生态系统束缚的突破。"[1]

谈到中国古代文明的上述连续性特征，张光直先生强调萨满式文明是中国古代文明最主要的一个特征。他总结道："经过巫术进行天地人神的沟通是中国古代文明的重要特征；沟通手段的独占是中国古代阶级社会的一个主要现象；促成阶级社会中沟通手段独占的是政治因素，即人与人关系的变化；中国古代由野蛮时代进入文明时代过程中主要的变化是人与人之间关系的变化，而人与自然关系的变化，即技术上的变化，则是次要的；从史前到文明的过渡中，中国社会的主要成分有多方面的，重要的连续性。"[2]

中国学者李泽厚先生专门出版了一本题为《说巫史传统》的小册子，论述中国文化对人类最深厚文明成果萨满（巫）文化的理性人本升华，中国文化的本质是一个由"巫"到"礼"的过程。"这就是中国上古思想史的最大秘密：'巫'的基本特质通由'巫君合一''政教合一'途径，直接理性化而成为中国思想大传统的根本特色。巫的特质在中国大传统中，以理性化的形式坚固保存，延续下来，成为了解中国思想和文化的钥匙所在。"[3]

中国文化继承和升华了史前数万年的人类文明成果，在周代就摆脱了萨满文化的神话传统，通过由巫及礼的理性化重构，完成了人类文明的人本主义革命，创造了以人为本的"人道文化"。在此意义上，今天我们复兴中国文化，实际上激活了人类文明的主根——不是回到过去的萨满神话时

---

[1] 张光直：《考古学专题六讲》，文物出版社1986年版，第17—18页。
[2] 张光直：《考古学专题六讲》，文物出版社1986年版，第13页。
[3] 李泽厚：《说巫史传统》，上海世纪出版股份有限公司、译文出版社2012年版，第13页。

代，重新"宗教化"，而是回归高度发展了的内圣外王的道统。

西方的发展呈断裂式，从文化上讲是在二元对立思维的基础上将人类古老的神话传统固化了。直到今天它仍然建基于《旧约》神话体系之上，尽管15世纪以来西方社会高度世俗化和商品化了，宗教的神圣性不断流失，但并未实现"真正"的人本主义转化，整体上说仍然是以神为本的"神道文化"。

东西方分野发生在公元前第一个一千年前后，西方将萨满传统中的神话经典化和法典化了，而中国则将神话边缘化、脱魅化了，并升华为内圣外王之道——中国神话传统不发达，是有其深刻的历史原因的。

中国先贤将萨满文化转化为人类道统，李泽厚先生认为关键是由巫及礼，那是夏商周三代千年演化的结果，到周公"制礼作乐"才基本完成，而"祭"体制的确立是这个转化的创造核心。"所谓'制礼作乐'便是将虽有久远历史却未有定型规范的原始歌舞即巫术活动，通过以祭礼为中心，结合日常生活习俗，延蔓发展，最终造成了'经礼三百，曲礼三千'，即一整套秩序井然的非成文的法规准则，它由上而下，严密地笼罩了包罗了整个社会生活的方方面面。"[①]

笔者认为，中国先贤对萨满文化的理性升华，除了巫礼到礼法的转化，还包括世界观上从"神－气"向"道－气"观念的转化，以及从氏族社会向家国社会的转化——这种转化是个历史性过程，一直持续到当代。

萨满文化作为人类文明最深厚的积淀，其丰富的成果有待现代人不断地提炼、升华。以萨满医学为例，由于内蒙古哲盟蒙医整骨医院党支部书记，蒙医骨伤专家包金山的努力，源自萨满医术的蒙医整骨学已经成为中国医学宝库的独立学科，受到海内外专家的关注。包金山是清代著名女萨满，有"神医"之称的娜仁·阿柏的曾孙——他的医术源自家学。

萨满文化基础是万物有灵观念，认为神无所不在，神通过气起作用。吉林省民族研究所研究员郭淑云女士论述说："在萨满教观念中，神、魂为气，并以不同的方式影响人类，产生有益或危害作用，只有获得某种特质的萨满们能够辨识和利用这些气，避害逐利，为本氏族服务。如一些颇有造诣的老萨满即能够凭借、吸纳、施布充塞于宇宙之间的气，为氏族祛病

---

① 李泽厚：《说巫史传统》，上海世纪出版股份有限公司、译文出版社2012年版，第59—60页。

除邪、占卜未来、祈福禳灾、庇护子嗣。总之，萨满能够通过气运、气化来实现代达庶望，传达神意的目的。沟通人神，祈神降神，是古代萨满以及其他原始宗教祭司的基本特征，萨满正是凭借气运来实现和体现这一特征的。"①

"阴阳不测之谓神"，在周以后中国哲学观念中，"神"不再强调个体意志色彩，转化成为说明阴阳变化的概念。我们的先贤更强调沟通天地的道和气——从中医到心法都是这样。

萨满文化的根基是氏族社会，它不适合超越地域的大规模复杂社会。富育光先生在论述满族早期萨满传统时说："萨满教信仰的基本单位是氏族，各氏族的萨满教以相对独立、自成体系的形态来传承，各氏族之间尽管有影响、干扰，但未打破它的氏族独立性。在以游猎为生的时期，各族姓将祖先神偶、影像或神册神器等放入罐或由桦皮、木、柳、骨等材料制作的神匣内，随人迁徙，以便择时祭祀。"②

中国秦汉成为大统一郡县制国家后，传统家族仍然十分重要，成为社会政治经济生活的基础，家在方方面面都占有极其重的地位——内圣外王一以贯之，修身、齐家、治国、平天下成为一般士人的人格理想。

对萨满文化的理性人本升华，使中国文化道气（器）合一，德法合一，政教合一，没有走入西式二元对立的哲学观念，将神性与人性、宗教与世俗、政治与教化两分，这成为中国持久和平国运的基础。从根本上说，中国没有西式的"矛盾"概念，中华文化中也没有发生过严重的神权与王权、物质与精神、科学与宗教，乃至不同宗教之间的尖锐对立。在中国人的观念中，矛与盾不是截然对立的，是相济为用——进攻时更重矛，防守时更重盾。

在哲学意义上，《韩非子》中著名的矛盾故事只讲了一半，中国版真正的矛盾寓言是墨家《胡非子》中"弓箭之喻"（即"夏人争矢"），故事如下：

> 一个人拿着一支箭对别人说："你看我的这支箭，没有一个良弓可以配得上它"。另有一个人说："你看我这个弓，没有一支箭可以配得上它"。古代有一个善于射箭的人叫羿，羿对两个人说："如果没有弓，

---

① 郭淑云：《原始活态文化：萨满教透视》，上海人民出版社 2001 年版，第 97 页。
② 富育光、孟慧英：《满族萨满教研究》，北京大学出版社 1991 年版，第 50 页。

箭怎么射出去呢？如果没有箭，怎么射中靶心呢？于是羿让两个人将弓和箭合在一起，教他们射艺。（《太平御览》卷三四七引《胡非子》原文：一人曰："吾弓良，无所用矢。"一人曰："吾矢善，无所用弓。"羿闻之曰："非弓何以往矢？非矢何以中的？"令合弓矢而教之射。）

从中国逻辑的角度讲，西式二元对立的逻辑思维是错误的，中国先哲称之为"两末之议"。韩非子认为，在丰富多彩的现实世界中，如果我们只看到黑与白、好与坏等诸多对截然相反的两个极端，将永远不能认识真理和真相，理论上常常是"积辩累辞，离理失术"（《韩非子·难势第四十》），现实中则是野蛮的冲突和战争。

在战国秦汉时期，中国圣贤以阴阳观念为基础，构造出了完整的文明体系——正是由于中国阴阳观念代表了宇宙的基本实相，中国知识体系才具有了超越时空、地域的"经"的特点，才因此更为普世，更为发达。

令人遗憾的是，直到今天还有不少人嘲笑阴阳观念是不科学的"玄学"。历史不容否认，那是过去数万年人类文明的主脉！

《易·系辞上》云："一阴一阳谓之道，继之者善也，成之者性也。"阴阳观念成就了中华文化内圣外王的道统，构筑了高度复杂统一的中国古典学术体系——这是人类文明的巅峰之一，它不仅属于中国，更属于全世界——值得21世纪的人类认真研习。

兹辑出包括彝族文献在内六种阐发阴阳之道的"太极图说"，希望学人对一阴一阳、大道之行有个粗浅的认识——这些阴阳学说主要是在理论层面的探讨，学人当参之以事（象），如医家的医案、兵家的战例，纵横家的游说范例（《战国策》等等），并行之于实践，才能达到理事无碍的境界。

有志于内圣外王大道者——勉哉！

这六篇文章分别是：

彝族经典《土鲁窦吉·清浊气产生》

彝族经典《物始纪略·输必孜根由》

中医经典《黄帝内经·素问·阴阳应象大论》

兵家经典《银雀山汉简·奇正》

纵横家经典《鬼谷子·捭阖第一》

儒家经典北宋周敦颐《太极图说》

一、土鲁窦吉·清浊气产生

《土鲁窦吉》是一本重要的天文历法书,在彝文中,"土鲁窦吉"的本义是宇宙生化,主要讲宇宙产生演化的过程——从阴阳清浊二气,一直到五行、八卦、河图、洛书、天干、地支。对于理解作为中华文化群经之首的《易经》,《土鲁窦吉》具有十分重要的参考价值。

我们汉地的知识分子,研究传统文化再也不能固步自封、闭门造车,一定要打破族群、国家、专业的牢笼。从《土鲁窦吉》一书中我们能清楚地看到,《易经》的基础是科学,而非玄学。21世纪的中国学人,再也不能用神话传说"河出图、洛出书"解释易学的起源了。

《土鲁窦吉》第一篇《清浊气产生》讲了乾的层次米古鲁,坤的层次密阿那形成的过程,先有清、浊二气相生,二气阴阳结合(非西式的截然对立),经十代产生乾父、坤母;乾父、坤母生哎、哺,二者阴阳结合后,经数代产生米古鲁和密阿那。

尽管彝族人将气作为宇宙的根本,但其述说事物过程多拟人化——这是它与中原文化的明显区别之处。换言之,彝族在宇宙论上还保存着一定程度的神话色彩。

本文选自王子国先生整理的家藏本《土鲁窦吉》,该书由贵州民族出版社1998年10月出版。

> 远古天未形成,地未产生时,
> 哎未产生,哺^① 未出现时,
> 先有清浊气。
> 徐徐清气,沉沉浊气。
> 清气青幽幽,浊气红彤彤。
> 青幽幽清气,红彤彤浊气先产生。
> 青的翻来变成哎,红的覆去变成哺。
> 清浊气产生,就是这样。

---

① 哎哺:意为影、形,在彝族观念中,哎和哺是万物形成的基础,大体相当于汉地八卦的乾、坤。

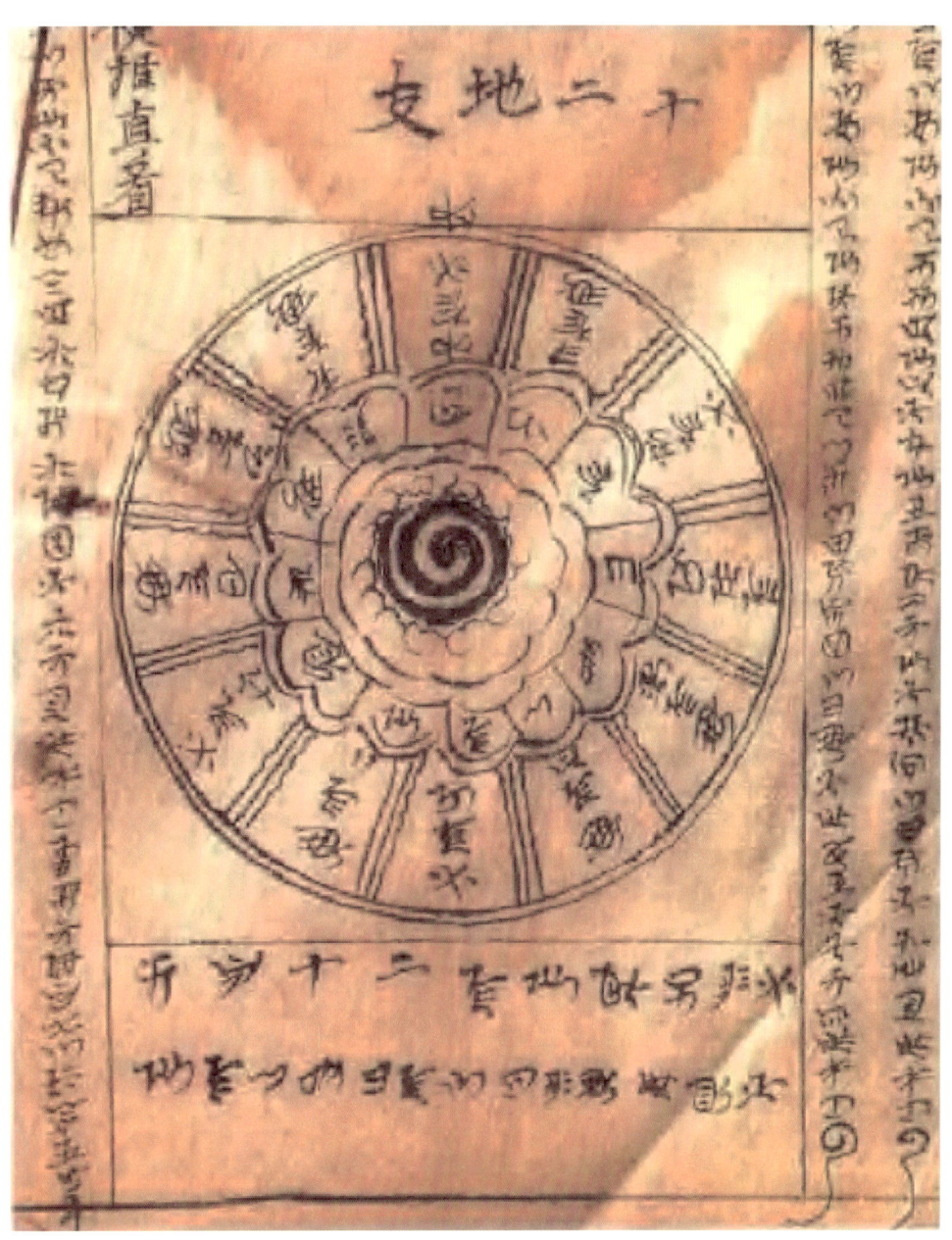

图 3-1 彝族古籍插图中的太极图画法,极为古朴,这种画法在东欧特里波利耶－库库泰尼文化中也看得到,代表了太极图的原初形式(图片来源:陈长久主编:《黔西北彝族美术:那史·彝文古籍插图》,贵州人民出版社1993年版,第247页。)

清浊阴阳气,叙述要详明。
清阳出现,浊阴产生时,
清阳像细针,浊阴像发丝。
细针和发丝,是清浊阴阳。
上产生徐徐清气,下产生沉沉浊气。
徐徐的清气,沉沉的浊气,
它俩相配合,散惬惬一代,
惬恒恒二代,恒隐隐三代,
隐雅启四代,启雅略五代,
略恩恩六代,恩恩窦七代,
窦克克八代,克克武九代,
武斯案十代,清气出十代,①
到了恒斯索。
斯索为乾父,就是这样。
皑可可一代,可可投二代,
投莫莫三代,莫莫觉四代,
觉雅奋五代,奋雅纳六代,
纳雅敖七代,敖雅列八代,
列雅投九代,投雅武十代,
浊气出十代,到了投雅武。
雅武为坤母,就是这样的。
哎生哎斯索,哺生哺立娄,
它俩结合后,产生哎的根,
产生哺的源。
哎则则一代,则洪洪二代,
洪洪雄三代,雄雅立四代,
立翁翁五代,翁尼纵六代,
纵余余七代,余余投八代,

---

① 本篇多用拟名的形式反映万物产生和发展的过程——命名也是按彝族传统的父子连名制,父名与子名相连。

投哎哺九代，哺舍武十代。
舍武武一代，恒武武二代，
武武窦三代，窦克武四代，
武娄娄五代，娄则古六代，
传到米古鲁，① 乾的层次形成了。
就是这样的。
哺生哺立娄，哺则则一代，
投濮濮二代，濮濮朵三代，
朵朵克四代，克以以五代，
以以骂六代，以以骂之世，
传到密阿那，② 坤的层次形成了。
就是这样的。

二、物始纪略·输必孜根由

世界上没有一个民族，像中国云贵川地区的彝族一样，将灵蛇太极图作为社会生活的重要符号，一代代传承应用，至今不息。

据毕节市彝文文献翻译研究中心主任王继超先生向笔者介绍，但凡隆重的丧事，在某一阶段布摩总要念诵《输必孜根由》，向死者解释画在"那史"上的太极图——这当是《输必孜根由》能够流传下来的重要原因。

什么是"那史"呢？它又名"通巧"，是彝族葬礼祭祀活动中转丧场时使用的旗帜，也是布摩经堂和停放死者遗体处的挂图；"那史纪特"是解释旗帜或挂图上图案来源、典故的经籍，《输必孜根由》即属于这类经籍，载于主要收录"那史纪特"的《物始纪略》一书。

《输必孜根由》是现存唯一对太极图本意进行说明的人类文字，显得弥足珍贵。我们根据《物始纪略》第三集（四川民族出版社，1993年），将其全文抄录如下。

---

① 米古鲁，是由哎发展起来的，在太极图里用白的部分表示，又代表天。
② 密阿那，是由哺发展起来的，在太极图里用黑的部分表示，又代表地。

图3-2 彝族仍将龙说成"生万物的龙",代表阴阳生生之道的太极图亦由龙(蛇)盘成(图片来源:陈长久主编:《黔西北彝族美术:那史·彝文古籍插图》,贵州人民出版社1993年版,第247页。)

输必孜根由

哎哺往下传，天未形成前，
天顶先形成，地未产生前，
地底先产生。
在这个时候，银以地为头，
金以土为尾，有金银二宫；
珠以前为头，宝以后为尾，
珠宝有两样，青以乾为头，
赤以坤为尾，青赤相交叉；
铜以面为头，铁为背为尾，
铜铁尾相交；
在这个时候，天自然出现，
地自然形成，天根基不断，
依靠两必孜①，命根蒂不落，
两必孜。
白圈卷得圆，黑圈卷得当，
会盘不会缺，两必孜会盘。
门门都神奇，行行有神通。
外面汉人说，无极生太极，
太极生两翼，两翼生四象，
四象生八卦，八卦定君臣，
是这样说的。
内部夷人讲：象龙②输必孜，
白圈生物，黑圈运动，
天父由此出，地母由此生。
太阳由此生，太阴③由此生。

---

① 必孜：有虫、蛇的意思。蛇，北方人也叫它"长虫"。
② 象龙：大意是指像龙一样盘绕。和汉地一样，彝族地区也认为龙是蛇的一种，有"成龙就上天，成蛇就钻草"的说法。
③ 太阴：即月亮。

会动有命的，有气有血的，
能说会道的，开花结果的，
根深叶才茂，枝繁果才丰，
有根才发展，遍地发展着，
是这样说的。
输必孜，由哎哺下传，
知识神来画，吐足佐①来画，
智慧神探索，舍啬蒂②探索。
输必孜会盘，其中的白圈，
名叫米古鲁③，其中的黑圈，
名叫靡阿那④，就是这样的。

三、黄帝内经·素问·阴阳应象大论

《黄帝内经·素问》卷二《阴阳应象大论》《阴阳离合论》《阴阳别论》三篇皆讲阴阳之道，但最集中的还在《阴阳应象大论》。

该篇以阴阳五行讲医学，具有重要的理论和实践意义，这里我们只节选了讲阴阳的部分。

《阴阳应象大论》开篇论及阴阳的根本意义："阴阳者，天地之道也，万物之纲纪，变化之父母，生杀之本始，神明之府也，治病必求于本。"

阴阳变化无穷，然而万事万物不离阴阳，阴阳是做学问由博返约的关键。所以《黄帝内经·素问·阴阳离合论》引岐伯话说："阴阳者，数之可十，推之可百；数之可千，推之可万，万之大不可胜数，然其要一也。"

阴阳之理要符合自然之道，否则必然"失常"，导致阴阳失衡。岐伯接着说："天覆地载，万物方生，未出地者，命曰阴处，名曰阴中之阴；则出地者，命曰阴中之阳。阳予之正，阴为之主；故生因春，长因夏，收因秋，

---

① 吐足佐：一名举奢哲，哎哺时期的毕摩始祖。
② 舍啬蒂：智慧神，一名恒依阿买妮。
③ 米古鲁：用太极图中白的部分表示，又称天父。
④ 靡阿那：即《土鲁窦吉·清浊气产生》中的"密阿那"，用太极图中黑的部分表示，又称地母。

图 3-3 郭霭春教授的《黄帝内经素问白话解》（上），中国中医药出版社 2015 年 3 月出版

藏因冬。失常则天地四塞。"岐伯的意思是说，天地之间，万物初生，未长出地面的时候，叫做居于阴处，称之为阴中之阴；若已长出地面的，就叫做阴中之阳。有阳气，万物才能生长，有阴气，万物才能成形。所以万物的发生，因于春气的温暖，万物的盛长，因于夏气的炎热，万物的收成，因于秋气的清凉，万物的闭藏，因于冬气的寒冷。如果四时阴阳失序，气候无常，天地间的生长收藏的变化就要失常。

《黄帝内经·素问》第一篇《上古天真论》即指出，上古真人能"提挈天地,把握阴阳";中古至人能"淳德全道,和于阴阳";后世贤人能"法则天地,象似日月,辨列星辰,逆从(即顺从——笔者注)阴阳"。

阴阳之道大如此,合于阴阳,亦近乎道矣。

本篇译文参考了郭霭春教授的《黄帝内经素问白话解》(上),该书由中国中医药出版社 2015 年 3 月出版。

经文：

黄帝曰：阴阳者,天地之道也,万物之纲纪,变化之父母,生杀之本始,神明之府也。治病必求于本。故积阳为天,积阴为地。阴静阳躁,阳生阴长,阳杀阴藏。阳化气,阴成形。寒极生热,热极生寒。寒气生浊,热气生清。清气在下,则生飧泄。浊气在上,则生䐜胀。此阴阳反作,病之逆从也。

故清阳为天,浊阴为地。地气上为云,天气下为雨,雨出地气,云出天气。故清阳出上窍,浊阴出下窍；清阳发腠理,浊阴走五脏；清阳实四支,浊阴归六腑。

水为阴,火为阳。阳为气,阴为味。味归形,形归气,气归精,精归化。精食气,形食味,化生精,气生形。味伤形,气伤精,精化为气,气伤于味。

阴味出下窍,阳气出上窍。味厚者为阴,薄为阴之阳；气厚者为阳,薄为阳之阴。味厚则泄,薄则通；气薄则发泄,厚则发热。壮火之气衰,少火之气壮；壮火食气,气食少火；壮火散气,少火生气。气味辛甘发散为阳,酸苦涌泄为阴。

阴胜则阳病,阳胜则阴病。阳胜则热,阴胜则寒,重寒则热,重热则寒。寒伤形,热伤气。气伤痛,形伤肿。故先痛而后肿者,气伤形也。先肿而后痛者,形伤气也。风胜则动,热胜则肿,燥胜则干,寒胜则浮,湿胜则濡泻。

天有四时五行,以生长收藏,以生寒暑燥湿风。人有五脏化五气,以生喜怒悲忧恐。故喜怒伤气,寒暑伤形,暴怒伤阴,暴喜伤阳。厥气上行,满脉去形。喜怒不节,寒暑过度,生乃不固。故重阴必阳,重阳必阴。故曰：冬伤于寒,春必温病。春伤于风,夏生飧泄。夏伤于暑,秋必痎疟。秋伤于湿,冬生咳嗽。

参考译文：

黄帝说：阴阳大道，是宇宙间的普遍规律，一切事物的纲领，万物发展变化的起源，是生长、毁灭的根本。对于人体来说，它是精神活动的根基。治病必须以阴阳为根本去考虑。从阴阳变化来说，阳气积聚而上升，就成为天；阴气凝聚而下降，就成为地。阴的性质为静，阳则为动；阳主萌动，阴主成长，阳主杀伐，阴主收藏。阳主万物的气化，阴主万物的形体。寒极会生热，热极会生寒。寒气能产生浊阴，热气能产生清阳。清阳之气下陷，如不能上升，就会发生泄的病。浊阴在上壅，如不得下降，就会发生胀满的病。这就是违背了阴阳运行规律，导致疾病的道理。

清阳之气变为天，浊阴之气变为地。地气上升成为云，天气下降变成雨。雨源出于地气，云出自于天气。人体的变化也是这样，清阳出于上窍，浊阴出于下窍。清阳从腠理发泄，浊阴内注于五脏。清阳使四肢得以充实，浊阴使六腑能够相安。

水主阴，火主阳。阳是无形的气（功能），而阴则是有形的味（食物）。饮食五味滋养了形体，而形体的生长发育又依赖于气化活动。脏腑功能由精产生。精是依赖于真气而产生的，形体依赖于五味而成。生化的一切基于精，生精之气得之于形。味能伤害形体，气又能摧残精，精转化为气，气又伤于味。

属阴的五味从下窍排出，属阳的真气从上窍发泄。五味之中，味厚的属于纯阴，味薄的属于阴中之阳；阳气之中，气厚属于纯阳，气薄属于阳中之阴。作为五味来说，味厚会使人泄泻，味薄能使肠胃通利。作为阳气，气薄能渗泄邪气，气厚会助阳发热。亢阳促使元气衰弱，而微阳能使元气旺盛。亢阳侵蚀元气，元气赖于微阳的煦养；亢阳耗散元气，微阳却使元气增强。气味之中，辛甘而有发散作用的属于阳；酸苦而有涌泄作用的属于阴。

阴阳在人体内当是相对平衡的。如果阴气偏胜了，阳气必然受损害。同样，阳气偏胜了，阴气也必定受损害。阳气偏胜就产生热，阴气偏胜就产生寒。寒到极点，又会出现热象。热到极点，又会出现寒象。寒邪能损伤人的形体，热邪能损伤人的气分。气分受伤，就会因气脉阻滞使人感觉疼痛；形体受伤，就会因为肌肉壅滞而肿胀起来。所以凡是先痛后肿的，是因为气病而伤及形体；若是先肿后痛，是因为形伤而累及气分。风邪太过，形体就会动摇、颤抖，手足痉挛；邪热太过，肌肉就会生发红肿；燥气太过，津液就枯涸；湿气太过，就会生发泄泻。

大自然有春夏秋冬四时，对应五行的变化，形成生长收藏，产生寒暑燥湿风。人有五脏，五脏化生出五气，发为喜怒悲忧恐不同的情志，过喜过怒，都会伤气。寒暑外侵，则会损伤形体。大怒会伤阴气，大喜会伤阳气。更可怕的是逆气上冲，血脉阻塞，形色突变。喜怒如不节制，寒暑如不善于调适，就有伤害生命的危险。因此，阴气过盛就要走向它的反面，同样阳气过盛也要走向它的反面。所以说冬季感受的寒气太多了，到了春季就容易发生热性病；春季感受的风气太多了，到了夏季就容易发生飧泄的病；夏季受的暑气太多了，到了秋季就容易发生疟疾；秋季感受的湿气太多了，到了冬季就容易发生咳嗽。

四、银雀山汉简·奇正

奇正乃兵家之阴阳也。

《老子·第五十七章》云："以正治国，以奇用兵。"通晓奇正之变，则知制胜之道，近于知兵矣。《孙子兵法·势篇》云："凡战者，以正合，以奇胜。故善出奇者，无穷如天地，不竭如江河。终而复始，日月是也。死而更生，四时是也。声不过五，五声之变，不可胜听也；色不过五，五色之变，不可胜观也；味不过五，五味之变，不可胜尝也。战势不过奇正，奇正之变，不可胜穷也。奇正相生，如循环之无端，孰能穷之。"

这段话是说，大凡用兵作战，总是以正当敌，以奇取胜。所以，善于出奇制胜的人，其战术变化，就像天地万物那样无穷无尽，像江河之水那样通流不竭。日月运行，昼夜往复；四时更替，冬去春来。声不过宫、商、角、徵、羽，而五声的变化却听之不尽；色不过青、黄、红、白、黑，而五色的变化却观之不尽；味不过酸、甜、苦、辣、咸，而五味的变化却尝之不尽。战势不过奇正，而奇正的变化却无穷无尽。奇正互相转化，就像圆环一样无始无终，谁能找到它的终端所在？

奇、正至简，然能在复杂的现实环境中应用至无穷，这正是中国文化的精妙之处。

丙编 "太极图说"六种

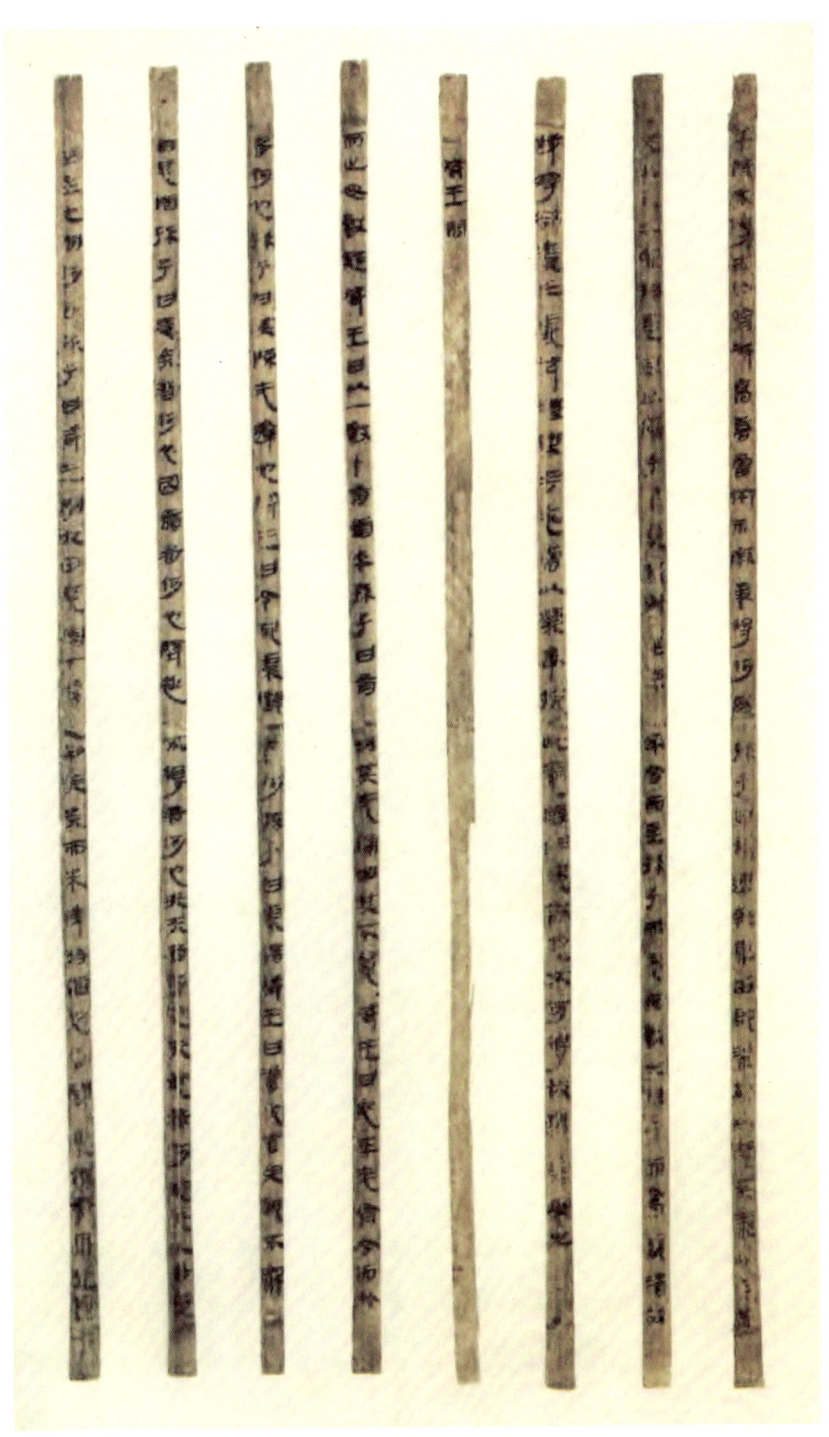

图 3-4《孙膑兵法》竹简（图片来源：《银雀山汉墓竹简》（壹）书前彩图，文物出版社 1985 年版。）

《奇正》篇的命运亦"奇"。这篇重要的兵家文献出土 3 年后，1975 年 2 月文物出版社出版了《孙膑兵法》一书，将其列为下编的最后一篇。但 1985 年文物出版社出版《银雀山汉墓竹简》（壹）时，将下编从《孙膑兵法》中移出，尽管《孙膑兵法》1975 年版上下编在思想内容上是一致的。

总之，《奇正》篇和同《孙膑兵法》其他篇章一下，继承了《孙子兵法》的思想，是中国兵学的经典文献。

本篇正文以《银雀山汉墓竹简》（贰）中的《奇正》篇释文为基础，该书由文物出版社 2010 年出版。

经文：

天地之理，至则反，盈则败，□□① 是也。代兴代废，四时是也。有胜有不胜，五行是也。有生有死，万物是也。有能有不能，万生是也。

有所有余，有所不足，形势是也。故有形之徒，莫不可名。有名之徒，莫不可胜。故圣人以万物之胜胜万物，故其胜不屈。战者，以形相胜者也。形莫不可以胜，而莫知其所以胜之形。形胜之变，与天地相敝而不穷。

形胜，以楚越之竹书之而不足。形者，皆以其胜胜者也。以一形之胜胜万形，不可。所以制形壹也，所以胜不可壹也。故善战者，见敌之所长，则知其所短；见敌之所不足，则知其所有余。见胜如见日月。其错胜也，如以水胜火。形以应形，正也；无形而制形，奇也。奇正无穷，分也。

分之以奇数，制之以五行，斗之以□□②。分定则有形矣，形定则有名[矣]。□□□③则用矣。同不足以相胜也，故以异为奇。是以静为动奇，佚为劳奇，饱为饥奇，治为乱奇，众为寡奇。发而为正，其未发者奇也。奇发而不报，则胜矣。有余奇者，过胜者也。故一节痛，百节不用，同体也。前败而后不用，同形也。故战势，大阵□④断，小阵□⑤解。

后不得乘前，前不得蹙后。进者有道出，退者有道入。赏未行，罚未用，而民听令者，其令，民之所能行也。赏高罚下，而民不听其令者，其令，民之所

---

① 此处八十二篇为"阴阳"。
② 此处八十二篇为"方圆"。
③ 此处八十二篇本为"矣，五形相胜而方圆不同"。
④⑤ 此两字，八十二篇本皆为"不"。

不能行也。使民虽不利,进死而不旋踵,孟贲之所难也,而责之民,是使水逆流也。故战势,胜者益之,败者代之,劳者息之,饥者食之。故民见□①人而未见死,蹈白刃而不旋踵。故行水得其理,漂石折舟;用民得其性,则令行如流。

参考译文:

天地间万物变化的道理是:物极必反,盛极必衰。朝代的兴衰替代,就如同一年四季的交替一般,是正常而必然的现象。一支军队,有胜过别人能取胜的一面,也有不如别人,不能取胜的一面,就如同金、木、水、火、土五行相生相克一样,有生就有死,世间万物都是一样。有能做到的,也有不能做到的,所有人都是这样。

有有余的情形,也有不足的情形,形势发展变化就是如此。因此,只要是有形的,就没有不能命名的。只要是能命名的,就没有不可战胜的。所以,圣人会运用万物的长处去制胜万物,而且能不断取胜。用兵作战的人,是靠阵形相互取胜的。阵形没有不能战胜的,只是有人不知道用以战胜的阵形而已。以阵形取胜的变化,就如同天和地相互遮蔽一样永无穷尽。

以阵形取胜的办法,用尽楚、越两地的竹子也写不完。阵形是用其长处取胜,用一种阵形的长处去胜过万种阵形,这是不可能的。所以说,可以给阵形规定一定的式样,但是取胜的阵形却不可能是一成不变的。因此,善于用兵的人,了解敌军的长处,就能知道敌军的短处;了解敌军不足的方面,就能知道敌军优胜的方面,这种人预见胜利,就如同预见日月升降一样准确容易,这种人取胜的措施,就如同用水灭火一样有效。用阵形对阵形,是常规战法,叫做"正";不用固定的阵形去对付固定的阵形,是非常规战法,叫做"奇"。"奇"和"正"的变化是无穷无尽的,关键在于灵活运用。

按照出奇制胜的原理,运用五行相生相克的规律去制胜。名分职责确定了,就要有相应的取胜阵形,阵形确定自然就会有阵名了。用和敌军相同的阵形是不能取胜的,所以必须以变异的阵形出奇制胜,由于这个原因,以静制动是出奇,以逸待劳是出奇,以饱对饥是出奇,以安定对动乱是出

---

① 此处,八十二篇为"益"。

奇，以多对少是出奇，公开的行动是正，隐蔽的行动是奇。出其不意而又不被敌军发觉，就能取胜。所以说，奇招层出不穷的人，就能超出常人不断取胜。人的一个关节痛，其他所有关节便都不能正常发挥作用，因为所有的关节都属于同一个身体。前锋失败了，后队也就不能发挥作用，因为是同一阵形。

后卫不超越前锋，前锋不能阻挡后卫部队。前进要有道路可以出去，后退要有道路可以进入。赏和罚都没有实行，而众军却肯听令，这是由于命令是众军能够执行的。高赏而低罚，众军却不听令，这是由于命令是众军无法执行的。要让众军处在不利的形势下，仍然拼死前进而不后退，这是像孟贲那样的勇士也难以做到的。如果因众军不能做到而责怪他们，那就犹如要让河水倒流一样了。所以说，用兵作战的人——士兵得胜，要让他们得到好处；士兵打了败仗，将领要承担责任，代兵受过；士兵疲劳时，要让他们休息；士兵饥饿时，要让他们能吃上饭。这样就能使士兵遇上强敌也不怕死，踩上锋利的刀刃也不会转身后退。所以说，懂得流水的规律后，就可以做到用水漂走石头、毁掉船只；使用士兵时懂得他们的性情，贯彻军令就如同流水一样畅通无阻了。

五、鬼谷子·捭阖第一

阴阳学说是纵横家的理论基础。《周易·系辞上》说："一阖一辟谓之变"。阖，闭合；辟，开启。纵横家以捭阖之道言天地万变。

陈蒲清教授总结道："《鬼谷子》本篇具有明显的哲学意义，从纵横游说之术的角度说，它把游说实践提到了哲学的高度；从另一个角度说，就是把阴阳学说的应用范畴推广了，推广到了具体的政治人事活动领域。本篇的阴阳开阖思想是全书的总纲，以下各篇都具体体现这种思想。"[①]

观战国纵横家游说，无不是从阴阳两个方面，大行捭阖之术，进而达到游说的目的。

一个明显的例子在《战国策·赵策二·苏秦从燕之赵》中，苏秦行捭阖之术，游说赵王合纵。他直接以阴阳代指纵横。上面说："请屏左右，白

---

① 陈蒲清：《鬼谷子详解》，岳麓书社2005年版，第11页。

图 3-5 鬼谷子像（图片来源：《第一届鬼谷子学术研讨会论文集》书前彩页，书目文献出版社 1996 年版。）

言所以异阴阳而已矣。"苏秦让赵王回避左右侍臣，自己宣讲合纵、连横的差别。

在苏子整个游说过程中，反复行捭阖之术，言此之短，说彼之长，环环相扣，妙趣横生。比如开始讲六国合纵的好处，是阳，是捭，提到与秦连横的坏处，是阴，是阖。

苏秦先言合纵的好处，以引起赵王的兴趣。他说："大王如果真听从我的意见，燕国一定会把出产毡、裘、狗、马的地方献给您，齐国一定会把海边出产鱼盐的地盘献给您，楚国一定会把出产橘柚的云梦之地献给您，韩国、魏国也必然献出很多城池给您，大王的父兄外戚都可以有封侯的土地。割取别国土地得到别国财货，是五霸不惜牺牲将士去追求的。使贵戚得以封侯，是从前商汤放逐夏桀、周武王讨伐殷纣才争得的。现在大王无为而治就可以得到两样东西，这是我为大王感到欣慰的。"（原文：大王诚能听臣，燕必致毡、裘、狗、马之地，齐必致海隅鱼盐之地，楚必致橘柚云梦之地，韩、魏皆可使致封地汤沐之邑，贵戚父兄皆可以受封侯。夫割地效实，五伯之所以覆军禽将而求也；封侯贵戚，汤、武之所以放杀而争也。今大王垂拱而两有之，是臣之所以为大王愿也。）

苏秦接着又说明与秦或齐连横的灾难性结果，阻止赵王连横的想法：大王与秦国结盟，秦国必然去侵略韩、魏；大王与齐国结盟，齐国必然去侵略楚、魏。魏国衰弱后就必然割河外之地，韩国弱了，它就会献出宜阳。献出了宜阳，则通往上郡的路就切断了；河外割让了，道路就不能通行到上郡；楚国衰弱，赵国就孤立无援。这三项，是不能不慎重考虑的。秦国攻下轵道，那么南阳就会动摇；再劫持韩国包围周室，那么赵国就会自行削弱；秦国再占领卫都濮阳夺取淇水之地，那么齐国必然会到秦国称臣。假如秦国能在山东得到这些，必定会进攻赵国。秦军渡过黄河，穿过漳水，占据番吾，那么秦兵必将交战于邯郸城下。这就是我为大王担忧的地方啊！（原文：大王与秦，则秦必弱韩、魏；与齐，则齐必弱楚、魏。魏弱则割河外，韩弱则效宜阳。宜阳效则上郡绝，河外割则道不通。楚弱则无援。此三策者，不可不熟计也。夫秦下轵道则南阳动，劫韩包周则赵自销铄，据卫取淇则齐必入朝。秦欲已得行于山东，则必举甲而向赵。秦甲涉河逾漳，据番吾，则兵必战于邯郸之下矣。此臣之所以为大王患也。）

接着，苏秦不断行捭阖短长之术，大言横人（张仪之类主张连横的人）之短，最后说得赵王心服口服："寡人年少，莅国之日浅，未尝得闻社稷之长计。今上客有意存天下，安诸侯，寡人敬以国从。"

学人当细读此篇，从中细分出诸多或捭或阖、相辅相成的言论，以便领悟阴阳之道如何具体应用于纵横之学。

经文：

粤若稽古，圣人之在天地间也，为众生之先，观阴阳之开阖以名命物，知存亡之门户，筹策万类之终始，达人心之理，见变化之朕焉，而守司其门户。故圣人之在天下也，自古及今，其道一也。

变化无穷，各有所归，或阴或阳，或柔或刚，或开或闭，或弛或张。是故圣人一守司其门户，审察其所先后，度权量能，校其伎巧短长。夫贤、不肖，智、愚，勇、怯有差。乃可捭，乃可阖，乃可进，乃可退，乃可贱，乃可贵，无为以牧之。

审定有无，与其虚实，随其嗜欲以见其志意。微排其言而捭反之，以求其实，贵得其指。阖而捭之，以求其利。或开而示之，或阖而闭之。开而示之者，同其情也。阖而闭之者，异其诚也。可与不可，审明其计谋，以原其同异。离合有守，先从其志。即欲捭之，贵周；即欲阖之，贵密。周密之贵微，而与道相追。捭之者，料其情也。阖之者，结其诚也。皆见其权衡轻重，乃为之度数，圣人因而为之虑。其不中权衡度数，圣人因而自为之虑。

故捭者，或捭而出之，或捭而内之。阖者，或阖而取之，或阖而去之。捭阖者，天地之道。捭阖者，以变动阴阳，四时开闭，以化万物，纵横反出，反覆反忤，必由此矣。

捭阖者，道之大化，说之变也。必豫审其变化。吉凶大命系焉。口者，心之门户也。心者，神之主也。志意、喜欲、思虑、智谋，此皆由门户出入。

故关之以捭阖，制之以出入。捭之者，开也，言也，阳也。阖之者，闭也，默也，阴也。阴阳其和，终始其义。故言长生、安乐、富贵、尊荣、显名、爱好、财利、得意、喜欲，为阳，曰始；故言死亡、忧患、贫贱、苦辱、弃损、亡利、失意、有害、刑戮、诛罚，为阴，曰终。诸言法阳之类者，皆曰始，言善以始其事。诸言法阴之类者，皆曰终，言恶以终其谋。

捭阖之道，以阴阳试之。故与阳言者，依崇高。与阴言者，依卑小。以下求小，以高求大。由此言之，无所不出，无所不入，无所不可。可以说人，可以说家，可以说国，可以说天下。为小无内，为大无外。益损、去就、倍反，皆以阴阳御其事。

阳动而行，阴止而藏。阳动而出，阴隐而入。阳还终阴，阴极反阳。以阳动者，德相生也。以阴静者，形相成也。以阳求阴，苞以德也；以阴结阳，施以力也。阴阳相求，由捭阖也。此天地阴阳之道，而说人之法也。为万事之先，是谓圆方之门户。

参考译文：

考察古代的历史，圣人在天地之间，能够做普通民众的向导。他们观察阴阳的开合变化来为万物命名，掌握万物的规律，了解生死存亡的道理，洞察万物的始终，领悟人们的心理，看到变化的征兆，从而能把握事物的关键。所以，圣人在人世间，从古到今，他们遵循的大道都是不变的。

事物是变化无穷的，又各归其位。有的阴，有的阳；有的柔，有的刚；有的开放，有的闭合；有的松弛，有的紧张。因此，圣人专一地把握关键，周密地考察事物的先后顺序，衡量人们的权谋和才能的优劣，比较他们技艺的短长，因材而用之。贤能和不贤能，聪明和愚蠢，勇敢和怯弱是有差别的。区别对待，有的可以捭，有的可以阖；有的可以进，有的可以退；有的可轻贱，有的可贵显，要根据他们各自的才能任用他们，实现无为而治。

任用某人时，要周详地判断他有没有才能，为人是真诚还是虚假，根据他的嗜好来考察其志向。再试探性地驳斥他的言论，看他的反应，进而发现对方的真实情况，关键是掌握他的志向，这是采取先阖后捭的办法，从中看到臣下所言的利害所在。或者公开自己的意图向对方展示自己的想法，或者将之隐藏起来，不让对方知道自己的想法。向对方展示自己的想法，是为了让对方敞开心扉；不让对方知道自己的想法，是用反对的办法来试探对方的真实情况。对方赞同或者不赞同，一定要审察清楚他的计谋，考察双方意见同异的根源。无论意见乖离或者相合，关键要抓住对方的志向思想。用捭之道，贵在周详；用阖之道，贵在隐密。周详和隐密都贵在微妙，用好了则近乎大道。捭是为了探测对方的虚实真假；阖，是为了进一步确定对方真诚与否。圣人了解事物合理与否，再确定处理方式方法，进行相应的思考谋划。如果对方的思想不合理，圣人就要根据实际情况自己另做考虑。

公开宣扬自己的言论，行捭之道，对方合理的意见就用，不合理的先放起来。反之，行阖之道，诚实的就采用，不诚实的就离去。捭阖如乾坤，是天地大道。它能如阴阳一样，化育万类。纵或横，返与出，翻与覆，反与背，都是由捭阖产生的。

捭阖是阴阳大道的变化，也是游说之辞的权变。一定要预先周详地研究各种形势变化，吉凶死亡全部都与之相关。口是心的门户，心是精神的主宰。人们的志向、欲望、思想、智谋等，都要通过口这个门户说出来。

所以要用捭阖之术来控制思想的表达。所谓捭，便是开启，说话，属于阳；所谓阖，便是闭合，静默，属于阴。说话也要阴阳和谐，从开始到结束都要适宜。讲长生、安乐、富贵、尊荣、扬名、宠爱、财利、得意，这些事属阳类，是"始"；讲死亡、忧患、贫贱、困苦、受辱、抛弃、失利、失意、有害、受刑、被罚，这些事属阴类，是"终"。言论效法阳一类的，都叫作始，它促使对方行动。言论效法阴一类的，都叫作终，它从事情恶的一面游说，达到阻止对方的目的。

捭阖之道，就是要反复从阴阳两个方面试探。跟性情阳刚、积极进取的人说话，内容要高远积极；与性情柔弱、消极退守的人说话，内容要微小切近。要用低下的言论来迎合志向微小的人，用高远的言论迎合志向远大的人。依照这个道理，可出可入，圆融无碍，没有什么对象是不可说服的。可以游说普通人，可以游说大夫，可以游说诸侯各国，可以游说天下。无论大小，都可以游说成功。益损、去就、倍反，都要用阴阳之道来驾驭。

阳指行动前进，阴指静止隐藏；阳活动外出，阴隐藏入内。阳返至极端还于阴；阴走至极端达于阳。君主效法阳动，要用道德感化；臣下效法阴静，要用行动帮助。君主驾驭臣下，要以爵禄养臣。臣下交结君主，要尽忠效力。二者之间，都合乎捭阖之道。这便是天地间的阴阳之道，也是游说别人的方法。它是办好万事的根本，是天地变化的门户。

六、太极图说

在中国文化史上，北宋学者周敦颐占据着极其重要的地位。周敦颐（1017—1073年），字茂叔，号濂溪，宋营道楼田堡（今湖南道县）人。

正是周敦颐一改汉以来儒家以释经、传经为业的传统，开启了宋以后心性义理之学的新时代。黄宗羲（1610—1695年）第三子、继其父未竟事业编纂《宋元学案》的黄百家评价说："孔孟而后，汉儒止有传经之学，性

图3-6《周子通书》是周敦颐最重要的著作,该书由上海古籍出版社2000年12出版,内有《太极图说》

道微言之绝久矣。元公(周敦颐)崛起,二程(程颢、程颐)嗣之,又复横渠(张载)诸大儒辈出,圣学大昌。故安定(胡瑗)、徂徕(石介)卓乎有儒者之矩范,然仅可谓有开之必先。若论阐发心性义理之精微,端数元公之破暗也。"(《宋元学案》卷十一《濂溪学案上》)

这里,黄百家所说的"阐发心性义理之精微"的著作,指周敦颐《太极图说》和《通书》。

通观二书,即知黄百家的评论尚有不全面透彻之处。因为宋明理学家,只有周敦颐抓住了孔门心法的根本——诚!

《通书·诚上第一》云："诚者，圣人之本。大哉乾元，万物资始，诚之源也。乾道变化，各正性命，诚斯立焉，纯粹至善者也。"《通书·诚下第二》又说："圣，诚而已矣。诚，五常之本，百行之源也。静无而动有，至正而明达也。五常百行，非诚，非也，邪暗塞也，故诚则无事矣。"

诚，连通形上与形下、内圣与外王，为孔子一以贯之之道！明代著名思想家，官至通议大夫、礼部左侍郎兼翰林院学士的薛瑄（1389—1464年）曰："《通书》一'诚'字括尽。"（《宋元学案》卷十一《濂溪学案上》）

辑完《性命之学：儒门心法新四书阐微》一书（中央编译出版社2014年3月出版），笔者亦知："孔学一'诚'字括尽。"

在此意义上，秦汉以来，周敦颐先生可谓前无古人，后无来者！

学人留意焉！

周敦颐的另一部重要作品是《太极图说》。史载，汉地此图传自五代宋初著名道士陈抟。《宋史·朱震传》说："陈抟以《先天图》传种放，放传穆修，修传李之才，之才传邵雍。放以《河图》《洛书》传李溉，溉传许坚，许坚传范谔昌，谔昌传刘牧。穆修以《太极图》传周敦颐，敦颐传程颢、程颐。"

《太极图说》的核心思想是："圣人定之以中正仁义而主静，立人极焉。"但这个"静"字不能单单理解为"不动"，或以"用之体"释之，否则动静、体用必被打成两截，与圣贤之道、不二法门远矣。

黄宗羲批评朱子体、用之论时说："朱子以为，阳之动为用之所以行也，阴之静为体之所以立也。夫太极既为之体，则阴阳皆是其用。如天之春夏，阳也；秋冬，阴也；人之呼，阳也；吸，阴也。宁可以春夏与呼为用，秋冬与吸为体哉！缘朱子以下文主静立人极，故不得不以体归之静。先师云：'循理为静，非动静对待之静。'一语点破，旷若发蒙（此指启发蒙昧——笔者注）矣。"（《宋元学案》卷十一《濂溪学案下》）

得理义，即得静，诸君当细参！

黄宗羲（别号梨洲老人、梨洲山人）在《梨洲太极图讲义》中还说："学者须要识得静字分晓，不是不动是静，不妄动方是静。慨自学者都向二五上立脚，既不知所谓太极，则事功一切俱假。而二氏又以无能生有，于是误认无极在太极之前，视太极为一物，形上形下，判为两截。蕺山先师曰：'千古大道陆沈，总缘误解太极——道之大原出于天。'此道不清楚，

则无有能清楚者矣。"(《宋元学案》卷十一《濂溪学案下》)

笔者读至此，看到明末大儒刘宗周（1578—1645 年，因讲学于山阴蕺山，学者称蕺山先生）言"千古大道陆沈，总缘误解太极"，不禁汗颜！

数千年来，学人误解太极、太极图——太久！太深！

从外在形式到内在义理都是这样……

经文：

无极而太极，太极动而生阳，动极而静，静而生阴，静极复动，一动一静，互为其根，分阴分阳，两仪立焉。阳变阴合，而生水火木金土，五气顺布，四时行焉。五行一阴阳也，阴阳一太极也，太极本无极也，五行之生也，各一其性。无极之真，二五之精，妙合而凝，"乾道成男，坤道成女"，二气交感，化生万物。万物生生而变化无穷焉，惟人也得其秀而最灵。形既生矣，神发知矣，五性感动而善恶分，万事出矣。圣人定之以中正仁义，而主静，立人极焉。故圣人与天地合其德，日月合其明，四时合其序，鬼神合其吉凶。君子修之吉，小人悖之凶，故曰："立天地道，曰阴与阳；立地之道，曰柔与刚；立人之道，曰仁与义。"又曰："原始反终，故知死生之说。"大哉《易》也，斯其至矣。

参考译文：

无极至极就是太极。太极通过内部的自我运动，化生出阳；动到了极限就转化为静，静便产生阴；静到了极限，又再变成动。动和静，两者相互将对方作为自己的根基。太极分成阳和阴后，天与地便出现了。阴阳再变化结合，又产生出了水、火、木、金、土五气。这五行之气，顺其本性变化，产生了春、夏、秋、冬四时。五行统一于阴阳，阴阳统一于太极，太极原本就是指无极。五行的产生，各有各自的属性。无极的真髓，阴阳五行的精粹，微妙地结合凝聚，促使天的阳气化生为男人，地的阴气化生为女人。阴阳二气交相感应，于是产生出万物。万物的生成无穷，变化运动无尽，但只有人获得了阴阳变化中的灵秀部分，成为万物中的最有灵之物。形体既已产生，人体中的精神产生了智慧。喜、怒、欲、惧、忧这五性因有感于外物而发动，便产生出善恶区别，各种各样的事情，便因此而出现。圣人为了区分人类的善恶和处理万事，提出了中正的原则，仁义的品德，和实践它们的主静专一的修养方法，作为做人的终极标准。所以圣人能因应天地的德性，日月的光明，四季的序次，鬼神的吉凶。君子按圣人提出的标准践行，便会吉祥。小人与此相背离，便会遭受凶灾。所以说："确立了天的法则是阴和阳；确立了地的法则是柔和刚；确立了人的法则是仁和义。"又说："能知道天地万物，从始至终，又由终反始的道理，就会了解生成与灭亡的道理。"《周易》一书多伟大啊！它提出了宇宙人生的最高真理！

丁编　太极寻踪·访学行记

> 透过太极图，我看到了人类文化的统一性和不同族群文化的互补性。任何形式的"文化中心论"都是极其危险的，它将导致人类文明的野蛮冲突和人类文化的固步自封。
>
> 西方文明不能因其一神教而否定中华道统，中华道统也不能因高度融合发展的内圣外王形态而否定西方一神教；世界各地残存的萨满文化因素是人类文明的背景辐射，在生态危机频仍的今天，其万物有灵思想仍有重要的现实意义；在物质生活极大丰富，精神世界高度贫乏的今天，印度深厚的内修传统必将再度造福于世界……

读万卷中外书，行万里崎岖路。

化用古话"读万卷书，行万里路"，我觉得没有比上面这句话更能描述我游走天下，寻踪太极图的感受了。

从纵横万里的欧亚大草原至横贯中国南北的藏羌彝文化走廊，沿着欧亚古大陆，我整整走了一个大大的"T"字——那是六七万年前，现代智人走出非洲以后最为重要的人类历史文化沉积带。

我忘不了乌克兰名城利沃夫古老斑驳的教堂，我忘不了青海德令哈市郊如朵朵白云在高山之巅吃草的羊群，我忘不了镜子般平静的黑海，我忘不了支撑天地的高原雪山……所有这一切，都将永远留存在我的记忆中。

透过太极图，我看到了人类文化的统一性和不同族群文化的互补性。任何形式的"文化中心论"都是极其危险的，它将导致人类文明的野蛮冲突和人类文化的固步自封——西方文明不能因其一神教而否定中华道统，中华道统也不能因高度融合发展的内圣外王形态而否定西方一神教；世界各地残存的萨满文化因素是人类文明的背景辐射，在生态危机阴影下的今天，其万物有灵思想仍有重要的现实意义；在物质生活极大丰富，精神世界高度贫乏的今天，印度深厚的内修传统必将再度造福于世界……

"一切圣贤皆以无为法而有差别",古圣贤因地因民设教,导致青藏高原周边各地区文化迥异。在 21 世纪全球化的今天,科技的日新月异与精神的迷茫空虚形成鲜明的对照,人类急需一种崭新的,包容不同历史时期,不同族群精神价值的共同文化。但愿我们对人类文明基因二元观念及太极图的苦苦求索,有利于当下这一重要的历史进程。

——那样,我们将不虚此行!

一、乌克兰行记

1. 飞向危险之地

机舱内掌声响起,我才意识到自己平安抵达了基辅鲍里斯波尔机场。

2016 年 4 月 21 日当地时间早上 9 点,经过十个多小时的飞行,我和中国社会科学院的易华教授飞抵此次访学的第一个目的地——乌克兰首都基辅。

图 4-1 乌克兰特里波利耶文化出土的刻有太极图的陶器,距今约六千年(作者 2016 年 4 月 22 日摄于乌克兰国家历史博物馆,感谢馆长 Sosnowska Tetiana 女士为我们提供的一切便利。)

去乌克兰作学术考察不是件容易事。

办签证，需要提交"境外医疗保险"。按照一般规律，给保险公司交钱，事情总好办。但这次不一样，平安保险公司竟然拒保。没有说明理由，只是给我们一个世界战争地区的长长名单——一切都在不言中了！

除了保险公司的拒保，还有家人的担心。我干脆采取"模棱两可、暗度陈仓"的策略，说自己要去东欧访学。太太只是提醒我别忘了到目的地报平安——也算通过了！

为何要飞向遥远的危险之地？

一言以蔽之，就是要弄清楚中华道统在人类文明中的位置。

过去十几年研究和宣传中国文化的经历告诉我：在这样一个全球化的时代，学人不可能闭门造车了！

——讲中国历史，不能只会从三皇、五帝讲起！
——讲易经易理，不能只会从阴阳、八卦讲起！
——讲儒家之道，不能只会从《论语》《大学》讲起！

那样，将使中华文明光芒万丈的内圣外王之道远离现代文明，远离当代现实，远离世界趋势。

于是，我找到了代表一阴一阳、生生之道的太极图。通过对全球范围内太极图流源的研究，以青藏高原为原点，重建人类文明的坐标系统，让世人认识中华文明的本质。长期以来，建立在西方狭隘欧洲中心论基础上的东西方分界根本就不能说明人类诸文明的本质。当然，对于古今西方殖民主义，过去一百多年来全盘西化的东方知识分子（包括以西学解构中学的国学家们），这种混乱的分界还是极其有用的！

而目前所知太极图出现最早的地区，就是著名考古学金芭塔丝（M. Gimbutas）教授所说的"古欧洲"。地处欧亚大草原西部，东西方交汇之地的乌克兰是古欧洲文明的重要区域，乌克兰特里波利耶文化遗址是六七千年前人类文明最繁荣的地区之一——它成为我们访学的首选之地。

去之前，乌克兰"兰华"文化研究中心董事会主席尤里·考迪克（Yuriy Kotyk）先生向我保证：既要让您看到您想看到的东西，又要让您看很多您意想不到的东西！

还有基金会朋友对我的热情资助，促使我下定决心要将《人类阴阳观念与太极图全球比较研究》这个项目做牢、做实。

总之，带着家人朋友"注意安全"的嘱托，我不远万里，不避风险，从欧亚古大陆的最东端来到它的西部地区，探寻中华文化，事实上也是人类文明最深层的基因——太极图！

真正的学术是勇敢者的事业，我始终坚信这一点。

2. 猜想成真

与世界新闻给人的印象不同，绿树中的基辅宁静的如第聂伯河的水——基辅城市森林覆盖率高达60%以上！但我们的学术考察计划却如在战争和探险中一样，忙得不可开交。反正佛说时间亦无，何况时差，不管他了。

图4-2 收藏家亚历山大先生向笔者展示腹部盘绕着蛇的女神像（易华教授2016年4月22日摄于基辅亚历山大先生私人博物馆。）

为了赶在 4 月 23 日去乌克兰西部古城利沃夫，我和易华教授要在两天的时间里拜访四个机构，包括乌克兰科学院考古博物馆（4 月 21 日），乌克兰汉学会（4 月 22 日），乌克兰国家历史博物馆（4 月 22 日）和一家大型私人博物馆（4 月 22 日）。

在基辅这两天，我简直看呆了，因为这里的太极图纹饰如此之多，变化之丰富，简直超过了我的想象。

和中国一样，古欧洲太极图也是生生之道的象征，所以六千年前欧洲的先民常常将它画在女神突出的腹部——将怀孕的女神与太极图联系在一起，是冰河时代"维纳斯"传统与新石器时代衣冠文明的混合物——古欧洲新石器时代的农业女神已经穿上了华丽的衣饰，只保留了裸体的腹部。

既然女神的鼓腹部位多有太极图，那么很可能女神腹部会出现盘绕的蛇的形象。因为世界范围内的考古和文献资料证明，太极图的原型是蛇，而不是汉地学者熟悉的"阴阳鱼"。反过来，通过对"灵蛇太极图"源流的追溯，我们可能绘出人类的直系祖先智人七万年前走出非洲后，其文明演化的基本路径。

这是我在来乌克兰之前大胆的推想，而且我在相关资料上发现一个女神的肚脐部位的确画着一个类似蛇的形象，只是有些模糊。

没想到，4 月 21 日，我在乌克兰科学院考古博物馆看到了这个陶塑。我大为惊喜，问陪同我们的乌克兰科学院考古研究所乌拉基米尔·明尼考夫（Olesksil G.Korvin-Piotrovskiy）博士，没想到，他断然否定了我的看法，认为那只是女人的肚脐。我感到大为失望，也感到不解，因为我没有看到过中东欧出土的女神像用难看的"大黑圈"表达肚脐。

在乌克兰科学院考古博物馆，最令我不解的是，展品前全是卖花的柜台。我们近距离观察展品，不得不在狭窄的柜台后面小心弯着腰，前怕撞上防护玻璃，后怕撞上柜台，店主则礼貌地让在一边。那些六七千年前，刻有太极图纹饰的近一米高的巨大陶器，竟然在没有任何保护状态下放在角落的架子上。我问翻译塔尼娅小姐，怎么会出现这种情况？万一弄坏了怎么办？她的回答让我吃惊：这些年乌克兰经济下滑，没有钱投入考古研究与保护，为了增加收入，不得不在博物馆里开花市。

想到国内各地建筑豪华的博物馆，保存在玻璃柜里的重要展品，我真切体验到一个国家经济强大对于文化的重要性。

4月22日中午，我们去基辅市郊拜访乌克兰"兰华"文化研究中心董事会主席尤里·考迪克先生的朋友，私人收藏家亚历山大·波依丘克先生（Oleksanoler Polishchuk）。

在这里，我被深深震撼了！

亚历山大先生五十来岁，满脸大胡子，身体粗壮，声若洪钟，住在一座有两幢三层大楼的庄园里。院子里因为有太多陶片，显得杂乱无章。进入后面的一幢大楼，我的天，几乎全是特里波利耶文化出土的陶器，比我在乌克兰科学院考古博物馆见到的何止多百倍，其中的太极纹饰变化多样，令人眼花缭乱。

我在陶器中间慢慢地找落脚点，以便从正确的角度拍摄。易华教授也十分惊喜，看到一个陶器，不禁赞叹：这个太像马家窑文化的彩陶了——事实上，东西方众多彩陶纹饰都有大致相同的设计元素。在瑞典学者安特生1943年出版的《中国史前史》（*Research into the Prehistory of the Chinese*）一书列出的中国彩陶纹饰中，我从古欧洲彩陶纹饰中找到了许多对应的图形。

沉迷于亚历山大先生六千年前的彩陶世界之际，突然间，我眼前一亮：在窗台的角落里，我看到了三个小女神像，其中一个女神像的腹部，清楚地刻着一条蛇，头尾都十分清楚——我在中国的猜想，竟在万里之外的地方成真，其发现的喜悦之情实在难以言表！

自然科学需要大胆的猜想，人文社会领域也是这样啊。

后来，我问尤里先生，这里的陶器怎么比乌克兰的国家机构和著名大学还多。他说，特里波利耶文化在乌克兰十分发达，农民种地就很容易发现陶器，国家又无钱收购，所以私人收藏了大量宝贵的陶器。

我们拜访亚历山大先生的时间只有五十多分钟，临走前，亚历山大先生不顾尤里的大声催促，将我们请进他的办公室，拿出一个上半身刻有植物的女神像——六千年前农业时代太极图所表达的生生之道，在此显示得再清楚不过了。

尤里先生向我们抱歉地说，在这里，至少需要用整整一天时间，才能初步看完全部藏品，但我们实在没有时间了。

怀着依依不舍的心情，我们向亚历山大夫妇挥手道别！

尤里先生说，这些藏品是第一次对外国学者开放……

3. 国博惊叹

2016年4月22日下午，我、尤里、易华教授一行三人去参观乌克兰国家历史博物馆（the National Museum of the History of Ukraine），还没有进门，我们就被大门两边巨大的草原石人吸引了，这类属于古代欧亚大草原游牧部落的石人遍布从新疆到蒙古草原的广大地区，没有想到在欧亚大陆的西端也会轻而易举地看到。

图4-3 原文物说明："日历盘，第聂伯中游文化，公元前第三千纪晚期至公元前第二千纪早期，Bortnychi，基辅地区。"（作者2016年4月22日摄于乌克兰国家历史博物馆。）

一进门，馆长索斯诺斯卡（Sosnowska Tetiana）女士一行人已经在门厅里恭候我们，她向我们介绍了相关研究人员，并让其中的一位专家陪我们参观。

整个参观下来，我既充满好奇，又心情凝重。同时，也为中华文化绵延不绝，生生不息感到幸福和自豪。

记得昨天下午，乌克兰科学院考古研究所 Olesksil G. Korvin-Piotrovskiy 博士向我们介绍特里波利耶文化时，就曾说：特里波利耶文化遗址有的比大约同时代的仰韶文化遗址还要大，但它大约四千多年前就已经衰落了，而仰韶文化则汇入中国文化的主流。

到了乌克兰国家历史博物馆，看着地图上标示外族入侵的各色箭头，我才体会到地处欧洲大平原上的乌克兰文化怎样如走马灯一般，随着外族的入侵和征服而突变——今天，即使是乌克兰人，也很少知道自己的文化在新石器时代中期所具有的重要地位了。我曾看到乌克兰学者写的一篇文章，将典型的太极图纹饰称为"面条"状，不禁苦笑。

而地处欧亚大陆东端的中国，最晚在三千年前的周代，就建立起了统一的中央政府，能够动员起强大资源保卫自己的领土免遭外族入侵。与西方中世纪的封建社会不同，中国从经济到政治都势在统一，随着主要由华北平原，长江中下游平原和关中平原大三角组成的统一大市场的建立，两千多年来中国社会难以裂解，在东亚大陆凝聚发展至今。

从外部角度讲，中国在地缘上也占据极为有利的位置。她一方面为大山戈壁所包围，另一方面，在这些大山戈壁之间又有好多条与外部交往的通道。这种特殊的地缘战略位置，使她一方面能够不断吸收西来文明成果，另一方面又让来自西方的大规模入侵难以实现——第一个全境征服中国的外族是具有巨大包容性的蒙元，且持续时间较短。

面对文化上高度发达的中国，元朝的蒙古人实际上在相当程度上汉化了（如同他们在别处伊斯兰化一样），如今走在中国大街上，恐怕不可能再区分出谁是蒙古人的后裔；后来征服中国的满族人，未入关前就已经汉化，目前只有极少学者知道满族的萨满文化传统。

中国人要珍惜自己积淀千年、绵绵不绝的文化啊！地球上只有这个地方建立起了内圣外王一以贯之、高度融合发展了的道统——天佑吾华，中国难生！

在乌克兰国家历史博物馆，最令我惊奇是一个八角（八卦）日历。这个距今约四千年，出土于基辅地区的日历让我看呆了。要知道，这种八角日历与河图洛书是高度相关的。

我问陪同我们的研究人员，这个古历是如何具体运用的——他也不知道。

当天晚宴上，我带着同样的问题请教索斯诺斯卡馆长（Sosnowska Tetiana）。她解释说古代一年有四季，四季又各分两个时段，她也不知这个日历如何运用，相关研究也都是猜想。

当她提到太极图（她还在纸上画了呈"S"形的双螺旋，螺旋在彝族文化中是太极图的一种，都叫输必孜），她说这在古代代表无限和智慧。

难道西方人也知道太极图是天道的符号？

当我追问索斯诺斯卡（Sosnowska Tetiana）馆长时，她只是说在一个学术会议上，大多数学者都这样认为。

西方的智慧之学早已没入宗教的阴影之中，就如同中国的智慧之学早已没入记问之学和西方学术中一样。索斯诺斯卡（Sosnowska Tetiana）馆长关于太极图的认识——既让我惊讶，又让我大为不解！

4. 他乡遇"道/法"

尤里先生马不停蹄地给我们安排日程，真是太辛苦了。所以 4 月 23 日一到他的老家利沃夫，我和易华教授就建议 24 号大家休息一天，只让翻译杨菁菁小姐陪同我们。

利沃夫是乌克兰西部重镇，也是欧洲著名的旅行城市。这里简直是欧洲建筑艺术的博物馆，到处是建于明清时代的古老教堂。斑驳中的庄严，精美中的壮观，或许只有在这些老教堂身上才能看到。汉学家卜弥格（Michel Boym，1612—1659 年）的家族礼拜堂就在我们住的宾馆旁边。卜弥格是将中国文明成果介绍给西方的重要人物，每每散步至此，在礼拜堂豪华繁缛的石雕下驻足，我都会浮想联翩。

从利玛窦神父算起，西方人近距离考察中国已经 400 多年了，但他们整体上还是不能理解中国。对于一个建立在人本基础上的文化，西方人似乎不能充分理解什么是贤人共治？什么是国家理财？什么是天人之道？这些东西与他们的上帝信仰，自由民主和市场经济相差太远。

对中国来说，中西间的隔阂同样是灾难性的。过去一百多年来，诸多中国学人盲从西方汉学的研究理路，也如西方汉学家那样用西方眼光看自己，竭尽所能地用西方时髦的概念、理论肢解中国文化。如果谁用符号学解构了名学，不仅能在学界当博士教授，还能美其名曰"国学专家"——难道我们爱一个人，就要先将其杀死而后快吗？

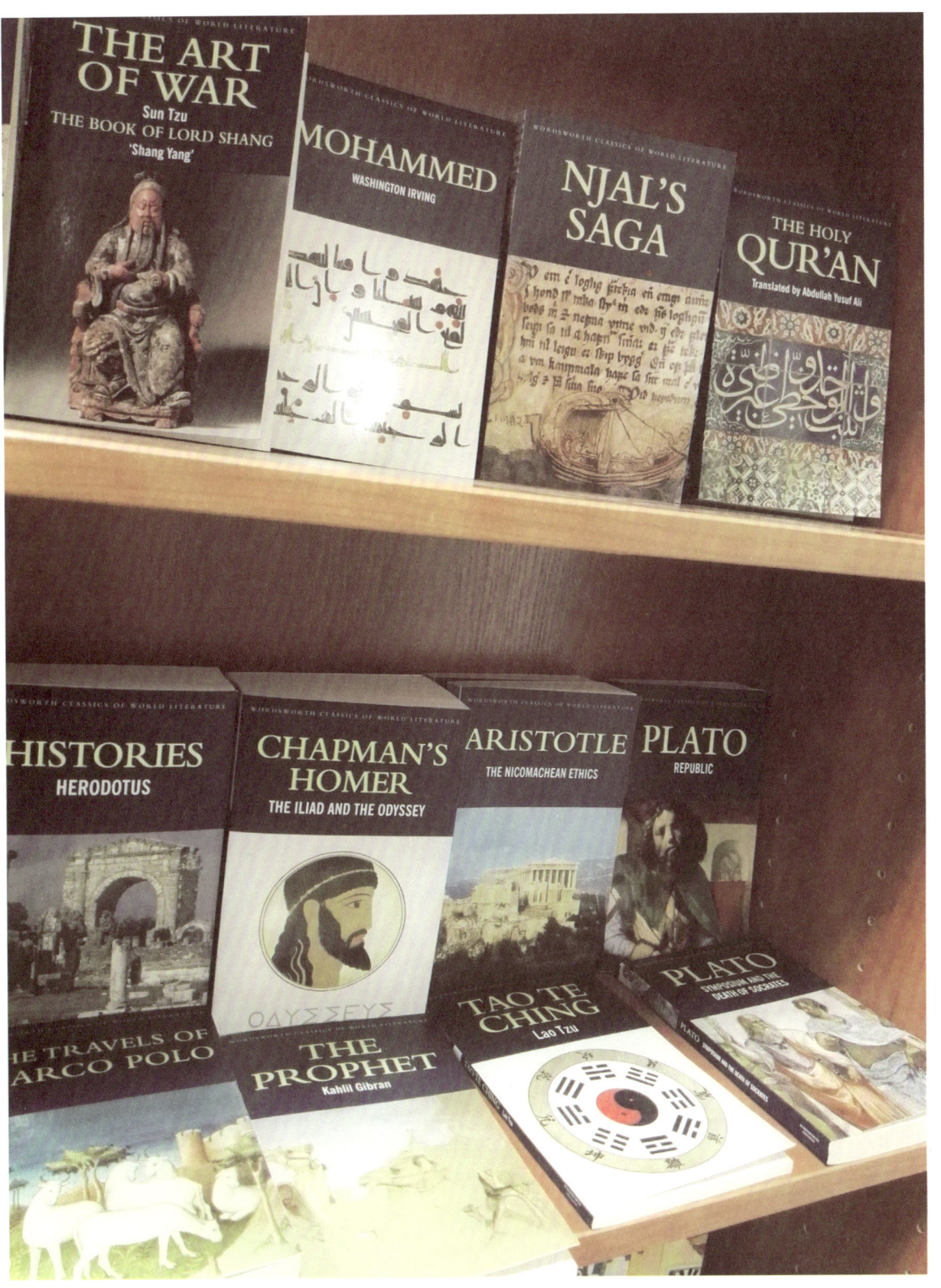

图 4-4 乌克兰西部名城利沃夫书店中卖的中国书,有道家、法家、兵家的作品(作者摄于 2016 年 4 月 22 日。)

似乎任何时代都存在蒙昧。没有坚实的证据显示 21 世纪的现代人比两千多年前的圣贤更聪明，甚至没有什么证据表明我们比信仰萨满教的石器时代先民更智慧。只要你看看中国内圣外王之道的现实困境，过去一百多年人类研究萨满文化的历史，就会明白这一点。

读书明智。不懂乌克兰文，我还是决定去书店看看——逛书店的积习难改！

24 日下午，易华教授和杨菁菁小姐去参观古物市场，我独自一人去了利沃夫歌剧院旁边的书店。

进去才真正体会到，在一个对其语言一窍不通的国度，自己立刻会变成文盲。面对满架满架的书，竟然一个字都看不懂——权当沾沾异国文气吧。

来到二楼，转过两个小房间，我眼前不禁一亮，这里有英文书！那是伦敦出版的数以百册的"世界文化经典系列"（wordsworth classics of world literature）

更让我惊喜的是，与《古兰经》、希罗多德和亚里士多德等人的经典放在一起的，竟然包括道家的《道德经》和法家的《商君书》（与《孙子兵法》合编），真可谓"道法万全"！

看到《商君书》的英译本，真有一种久违了的感觉。

我知道荷兰汉学家戴闻达（J.J.L.Duyvendak，1889—1954 年）的英译本《商君书》早已在西方出版，但一位美国学者曾告诉我，这本书放在他们大学图书馆里几十年无人问津。没想到，《商君书》竟在 1998 年再版了，还被卖到了乌克兰——文化传播的力量真是强大。

可惜，"世界文化经典系列"中没有联通道、法的名学。否则，可真是"道、名、法""一以贯之"了。

也别太奢望了。我三年前出版了《正名：中国人的逻辑》一书，三年过去了，真正看懂的不超过三人，何况外国人呢——救世无方唤奈何！

后来我发现，在利沃夫，几乎所有书店都有乌克兰文的《孙子兵法》——或许这是因为，在一个不安定的时代，闻鼙鼓（音 pí gǔ，小鼓和大鼓——笔者注）而思良将的原因吧。

乌克兰朋友可能不会知道，《孙子兵法》同中医、轻重术（政经）和纵横术（外交）一样，是建基于太极图所表征的阴阳之象基础上的，而乌克兰地区的先民曾为太极图的发展作出了重大的贡献,那里是唯一可以找到太极图关键演化轨迹的地方。可惜,间隔六千年,面对冰冷的出土文物,我们只能猜想当时的人对太极图的理解了。

5. 千古风流

2016年4月25号上午,我们参观了利沃夫宗教与人类学博物馆。馆长梅考拉(Mukola Bandrivski)先生热情地接待了我们。

梅考拉身材中等,笑容可掬,身穿黑色长大衣,带着黑色皮包,一副文质彬彬的样子。

名副其实。这个博物馆藏品很多,从石器时代一直到19世纪,其中多与宗教文化有关。我和易华教授都对宗教感兴趣,所以我们参观得十分仔细。

当看到一个玻璃柜里紧紧相拥在一起的男女尸骨时,我们惊呆了。因为以前只有中国的齐家文化发现过类似的墓葬形式——那是一种令人感动的情爱造型。在这里,仿佛死亡只是不朽爱情、千古风流的开始。

世界上,各式各样的男女合葬墓很多,但男人仰身直肢,女人侧身屈肢的形式,中国学者只在四千年前的齐家文化分布和影响地区发现过,如甘肃、陕北和内蒙古等地——问题是,这类墓葬怎会出现在万里之遥的乌克兰?

当然,这类墓葬究竟是不朽的爱情还是野蛮的殉葬,"情感考古学"似乎还没有定论。

梅考拉先生对易华教授关于中国同类墓葬的介绍亦十分惊讶。他说,这个墓葬的年代是公元前9世纪,由他亲自发掘。当时,为了保证文物的完整,他将其整体发掘了出来,在乌克兰地区,只发掘出这一个,所以他十分想得到中国的相关资料,以便日后作对比研究。

当时易华教授正好带着他去年出版的《齐家华夏说》一书(甘肃人民出版社,2015年),里面就有这类墓葬的图片。当时易教授说,回到宾馆,就将书拿给他,并会找来相关考古文献供他研究。

梅考拉先生听了很高兴,他一再嘱咐我们千万不要忘记了。同时,他还拿出一本书,将两个人尸骨相拥的复原图给我们看。

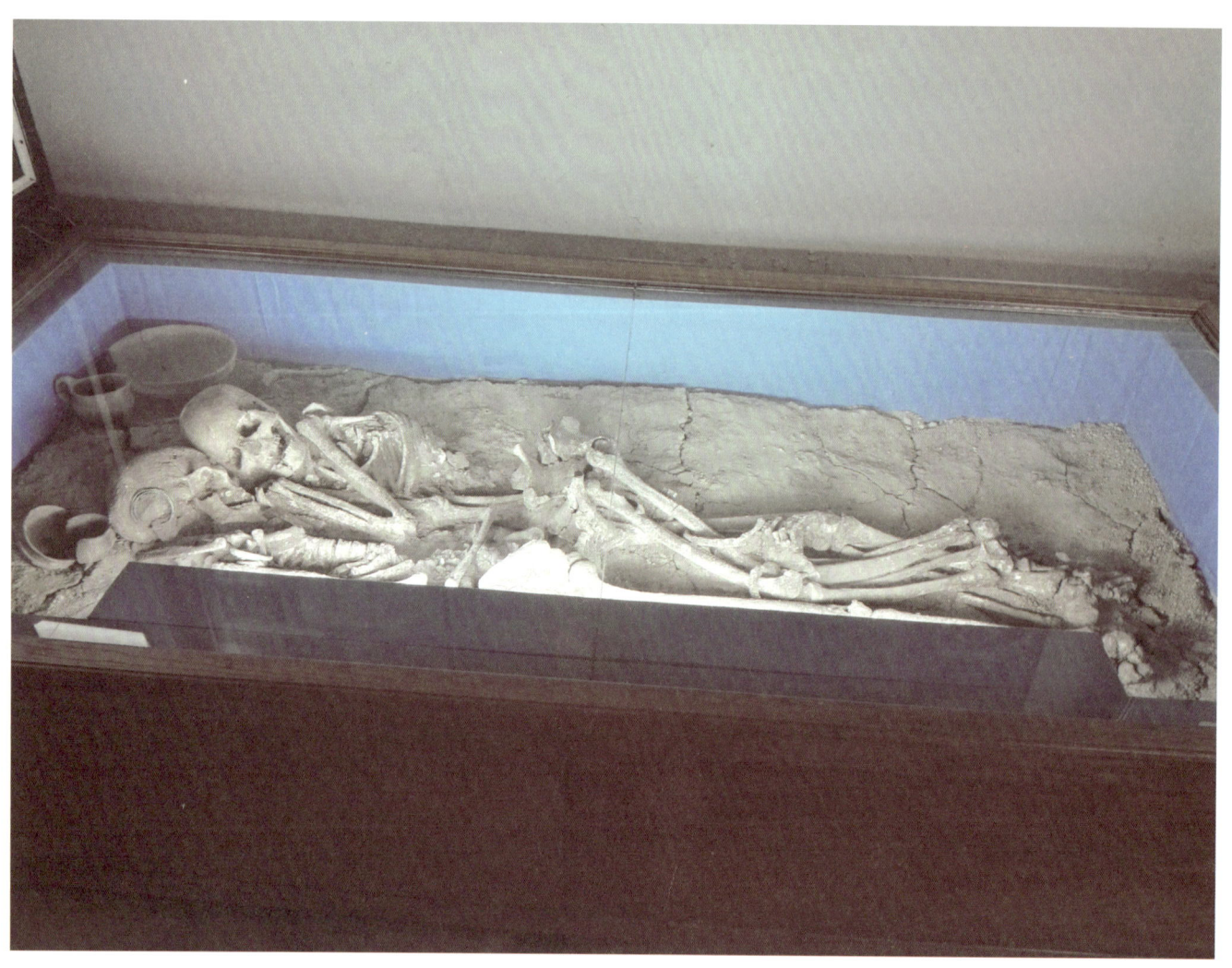

图 4-5 三千年前，紧紧相拥在一起的男女尸骨，不朽的爱情还是野蛮的殉葬？（作者 2016 年 4 月 25 日摄于利沃夫宗教与人类学博物馆。）

临走前，我们将带去的茶叶送给他，他坚持不要，说送资料比送礼物重要——其求知若渴的心情，溢于言表。

在整个学术考察的过程中，我同样为易华教授认真的学术精神所感动。他为了学术研究，自己花钱，利用休假时间出来考察，这比那些搞项目弄钱的学者要高尚多少倍啊！那种学术会随着项目资金的结束而结束，而真正的学术是与人俱老，超越时空的。

参观博物馆时，易教授看得那么仔细，有时我们都出来了，他还在认真拍照。他识别出诸多欧亚大陆共通的文化因素，从权杖头到双耳罐，他都能如数家珍地说出在中国哪些地区出土发现过。

如同东西方文化，东西方学者探索人类未知领域的学术精神也是相通的。乌克兰之行，让我深深地体会到这一点。

古人说，三人行，必有我师。看来，两人行，亦有我师！

——学术上，易华教授真是我的良师益友。

6. 远古"同胞"

2016年4月26号下午，由利沃夫考古研究所的负责人陪同，我们参观了利沃夫历史博物馆。馆长艾米莉亚（Emilia Zarubiy）女士不仅让我们参观了整个展厅，还带我们去库房，检视她们不公开的文物。

在整个考察过程中，我们都感到乌克兰文化界希望同中国学界交流的热切心情，特别是在考古发掘和文物保护方面。在苏联统治时期，乌克兰考古和历史研究处于长期被压抑状态，他们在为民族独立奋争的过程中，光复旧物的决心也就不难理解了——对于任何一个国家来说，文化都是国家认同和民族凝聚力的基础，为学者敢不慎之！

在利沃夫历史博物馆，我看到用出土的头骨复原的六千年前特里波利耶人的形象。（见图4-6）

这个崇尚太极图造型的族群竟然和我们中国人长得极为相似！据介绍，特里波利耶人的身材明显比现代印欧人短小，更像蒙古人种。

当然，从人种的角度研究文化始终是危险的，因为什么样的基因并不意味着必然代表什么样的文化。特别是在文化的交汇地区尤其是这样，比如我国的新疆地区地处青藏高原北部，自古就是旧大陆文化交流的大通

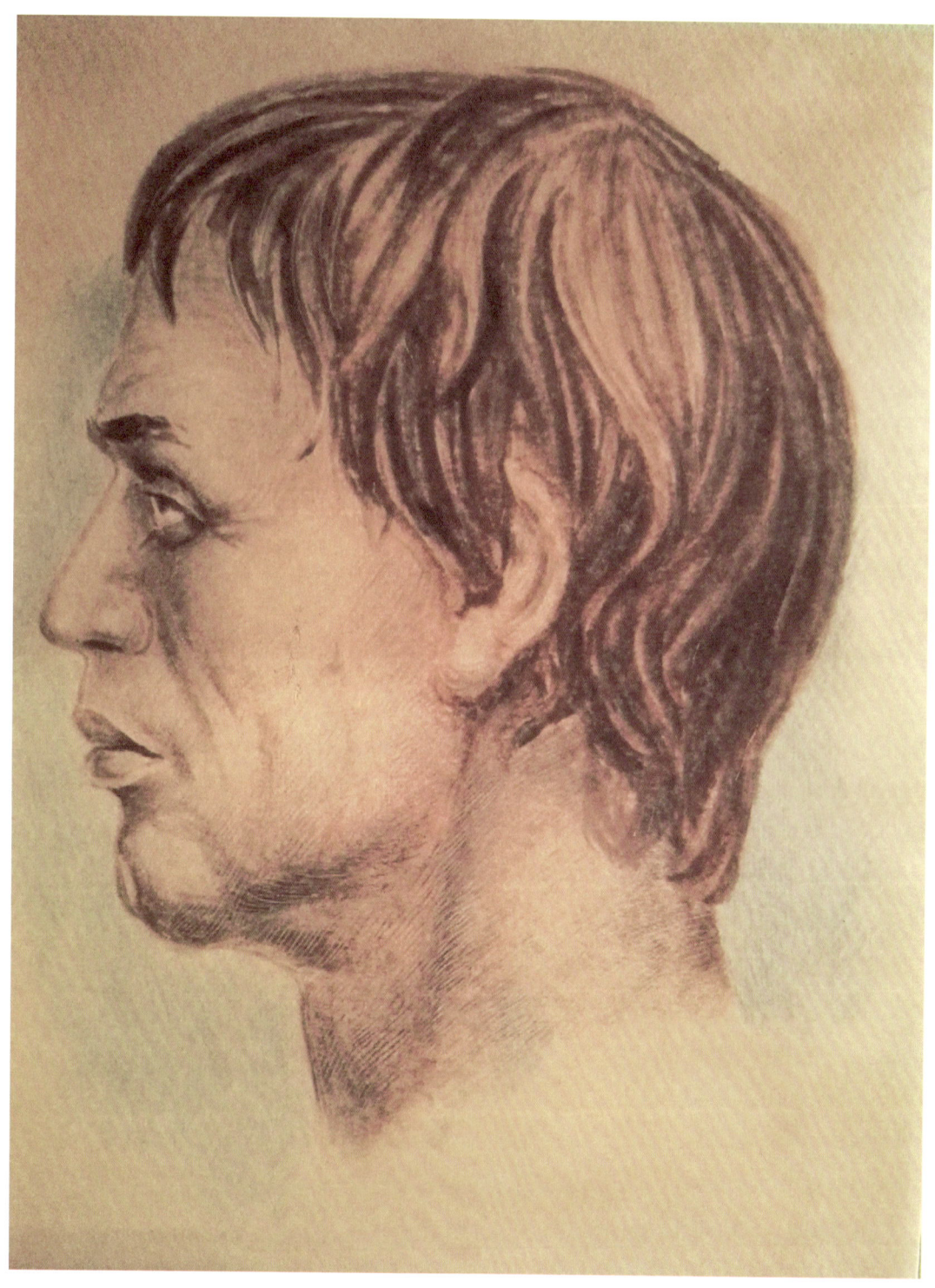

图4-6 六千年前特里波利耶人复原像,与东亚蒙古人种十分相似(作者2016年4月26日摄于利沃夫历史博物馆。)

道——约四千年前，印欧人种就进入新疆，我们很难确定他们究竟带着什么样的文化信仰，再说这些印欧人也有不同的类型。

即使这样，当我看到特里波利耶人与自己相似的面庞，是倍感亲切。

真希望有一天，中国的相关机构能够利用DAN技术，明确特里波利耶人的族属，这将对研究太极图在全世界的发展传播具有一定意义。

这些创造了高度发达的农业文化和彩陶文化的族群大概不会想到，他们发展了的太极图纹饰会影响整个人类文明——从地中海一直到美洲；他们也不会想到，在约四千年前这个族群衰亡后，青藏高原以东，中华文化会在太极图代表的阴阳观念基础上发展出内圣外王的道统；他们更不会想到，六千年后，两位中国学者会从万里之外的东方风尘仆仆赶来，探寻人类文化的核心奥秘！

据长期在乌克兰工作的郭凯博士介绍，乌克兰的教科书只将自己的历史上溯到基辅罗斯（882—1240年），那是以基辅为首都，维京人奥列格建立的以东斯拉夫人为主体的国家。而对于旧石器时代就成为世界重要文明中心的史前史，很少有乌克兰人知道——真希望乌克兰人更多地了解自己的历史，"灭人之国，必先灭其史"，一个国家绝对不能轻易忽视自己的历史文化，否则将是灾难性的！

我们中国，本来有世界上最发达的以文言记事的"史统"，都是后朝为前朝修史。二十四史再加上过去一百年的巨大考古成果，仿佛是一根强大的永远不会扯断的纽带，将中华民族牢牢地凝结在一起。遗憾的是，能够超越时空的文言文被史学家轻易放弃了，清朝已经灭亡一百多年，我们还拿不出文言文的《清史》以留给子孙万代。

断绝史统，这几乎等于文化自宫行为，是知识分子的集体失职，是对历史犯罪啊！

我们这代诸多知识分子多么无知、狭隘、傲慢。天人不通，古今不通，中西不通——不修身也不信教，重今而薄古，是西而非中……

——我们真愧对人类文化，愧对中西圣贤。

7. 神人之际

2016年4月21日抵达乌克兰当晚，我们住在基辅。当晚我做了个奇

图4-7 站在利沃夫市政府大楼钟楼上俯视教堂（作者2016年4月27日拍摄于利沃夫。）

怪的梦，一个巨大的身形铺天盖地般地呈现在我面前，厉声喝道：

"我——要驱赶他们前行！"

这个梦久久萦绕在我的脑际。我决心一有时机，就探访当地的宗教。

天遂人愿。4月23日至4月29日，我们一直住在乌克兰西部古城利沃夫——这里简直是一座宗教之城！

中国人很难想象，利沃夫教堂多到什么程度。我只能以数字说明：这个只有六七十万人口的城市有150座教堂，其中世界级的著名教堂有五六座，多建于中国的明清时代。

与我同行的易华教授有上午工作的习惯。于是我能够在晨起打坐、用餐后，独自一人走上石砌的马路，任意东西，走入高耸沧桑的古老教堂，在中世纪的时空中穿行。

推开教堂厚重的大门，任何人都会为里面华丽的装饰所震撼。据说，988—989年基辅罗斯的大公弗拉基米尔一世之所以宣布东正教为国教，是因为他为东正教教堂装饰天堂般的华美所感动——看来这则故事是有道理的。

但我看到的远远不只这些……

我曾坐在教堂的长椅上，静静地观察人们如何在旁边祈祷。引起我共鸣的，除了他们的虔诚，还有他们的礼节——我发现，他们的跪拜礼节和佛教礼节多有相似之处。

尽管在全球化的时代，相同的东西很多。但后来的经验告诉我，这里东仪天主教（其基本教义、仪式、体制都是东正教特征的，但承认天主教教宗为其在世的教会元首）与佛教的相似之处当不是偶然的，否则就无法解释二者间修行的一致之处。

我还曾站在小的忏悔室里（也可能是祈愿的地方，我的翻译皆不对宗教感兴趣，即使他们娶了乌克兰太太），看着人们排着队，静静地等待会见神父。会见时，人们轻轻跪下来，贴着神父的耳朵不停地诉说。我不懂其中的任何一句话，却看到了他们在心中不安块垒释放后的安宁。

我也曾看到上班路过教堂的年轻人。匆匆走进教堂，又在行过礼之后，匆匆离去……

在神父缓慢低沉的唱经声中，我意识到，一个民族不能失去收摄（管束）身心的东西。否则，这个民族必然走向集体狂躁，甚至整体疯狂！

后来，我和易华教授讨论宗教与战争问题。他说：宗教本身从来就不是暴力的，是世俗政权和权力对宗教的滥用，导致宗教战争和殖民掠夺。

我深以为然。

古圣人立教，皆因时人的根器和时世的因缘。《旧约》中通过人对神旨意的背叛，让神引导人，同时将世俗与神圣的关系割裂了。"上帝的归上帝，恺撒的归恺撒"，这就为后来世俗力量对神圣力量的侵蚀打开了大门。

漫步在教堂之林，我不禁为乌克兰人民感到幸运了！他们将自己的历史追溯到一千多年前的基辅罗斯时代，千年来竟然还一直坚守着自己的文化和信仰。而我的祖国呢？今天，即使那些祭孔的先生们，也不知会祭祀斋戒，清洁身心了。

——中国百家是通的，哪有什么"专家"！

8. 不朽肉身

不知如何描述我在基辅彼切尔洞窟修道院看到的景象，用"基督教的道成肉身"是不合适的，那是描述耶稣基督得肉身而降世为人，作为救世主拯救世人。用肉身菩萨似乎也不合适，菩萨本在佛教修行次第中。所以我还是选择用"不朽肉身"这个词，大体相当于佛教中得肉身菩萨的成就者。

彼切尔洞窟修道院建于 1051 年，作为联合国教科文组织列入世界文化遗产名录的古迹，它在乌克兰文化中具有举足轻重的地位。

之所以叫洞窟修道院，是因为早期东正教苦行僧在第聂伯河河边挖空山体，于洞穴中隐居修行。得大成就，死后肉身不朽者，即被封为圣人。目前洞窟修道院共保存 125 具不朽肉身。

2016 年 4 月 30 日，我、易华教授和基辅大学的郭远鹏、王佳夫妇同游洞窟修道院。王佳是我的河北老乡，在异域相识倍感亲切——他们夫妇新婚不久，如当天的阳光一样灿烂。

在修道院博物馆，当听说这里藏有东正教圣徒的不朽肉身时，我游兴大增，怎么西方基督教文化中亦有"肉身菩萨"？

我追问博物馆的管理人员，她们说那是这些圣贤长期诵经、不吃肉食，只吃面包喝水，食素的结果。但在相关资料上我们能读到这样的文字："教士死后尸体保存在洞穴内，由于洞穴内特殊的气候环境，这些尸体自然风

图 4-8 彼切尔洞窟修道院地下洞穴中的东正教圣徒不朽肉身（笔者 2016 年 4 月 30 日摄于基辅彼切尔洞窟修道院。）

干成木乃伊。木乃伊被认为是奇迹，是神的力量的体现，修道院因此声名远播。"

这显然是现代知识分子的猜想。要知道，约公元 4 世纪，基督教在埃及占据主导地位后，制作木乃伊的习俗就被废止了，这里怎会再出现木乃伊。再说，在过去一千年里，有多少修士曾埋葬在地下洞窟中，为什么只有为数不多的人成就不朽肉身——这 125 具不朽肉身也有部分是从其他地方移过来的。

所以在整个游览过程中，我都特别注意收集有关这些不朽肉身的信息。

进入地下洞穴前，郭远鹏博士叮嘱大家，地下光线很暗，为了拍照，要多买些供养这些圣徒的蜡烛。我们买了四支，一人一支。

也不知下了多少个阴冷狭窄的台阶，才走入宽只有一米左右的黑暗走廊，走廊的两边就是放这些圣贤遗体的壁龛。当我看到那些狭窄的只容下一人的修道士住所时，一种敬意油然而生——将生命献诸探求宇宙真理的事业，这要怎样的心力啊！

我不禁要礼拜这些西方圣贤，又不知如何礼拜。踌躇之间，一位女士走过来，尽管大家语言不通，她还是教我们行东正教的礼仪，从拿蜡烛，到划十字——我学了几次才大体行礼如仪。

后来易华教授买到一本英文小册子，里面详细描述了修道士们的修行过程。在隐修的第一个阶段，吃饭时间隐修士间还可以说说话，但到了第二阶段，隐修士则完全被封闭起来，只留下窗口每天递上少量食物和水。若过些天这些食物和水一直不动，就证明这个隐修士已经去世，他的石室将被完全封闭。数年后打开，若尸体腐烂就埋掉，不朽的即被认为是"圣人"——这与佛教中的"闭死关"简直异曲同工！

另外，他们沐浴灵魂，长达四十天的斋戒期，也与佛教的修行多有相似之处。

有明确记载，基辅罗斯的修道制度来自于东罗马帝国。四五千年前，人类历史上第一个大都市网络"尼罗河－印度河走廊"已经形成，所以我们可以肯定，从基督教隐修制度公元三四世纪诞生开始，就很可能受到了印度瑜伽修行的影响。否则很难解释，为何东正教的修行（还包括伊斯兰教苏非派的修行）与佛教的修行有诸多雷同之处。

据说克米里亚半岛也有不朽尸身，因为该地已经脱离乌克兰独立，紧张的国际局势使我们不可能访问那里。

彼切尔洞窟修道院之行是我乌克兰访学过程中最为重要的经历,西方诸圣以不朽肉身说无上大法:

中西古今,千圣万圣,只此一心,别无他法!

9. 四战之国

2016年4月29日,我们从利沃夫回基辅。

当火车在从喀尔巴阡山至第聂伯河的沃野上滑行的时候,我的思绪常常游离窗外的绿野森林,思考为何这个世界上最肥沃的地方之一长期饱受政治动荡和经济下滑之苦?

这里的土地有点像中国东北的黑土地,十分肥沃,用当地人的话说,种什么,长什么。据说二战时德国占领乌克兰,将当地的黑土一车皮一车皮地拉回,用以增加德国土地的肥力。

就是这样一个地方,1991年独立以来却饱受政治动荡与经济下滑的痛苦。一波波的革命,经济的不断下滑。在利沃夫,陪同我的杨菁菁小姐问我:"翟老师,您知道经济不断下滑是什么状况吗?"

我竟然一时语塞,不知如何回答。她说:"那就是工资下跌,退休金减少,本国货币贬值,工人失业。"后来我知道,即使在首都基辅,平均工资也就是四五千格里,相当于一千人民币左右。

为什么在这里会上演"富饶的贫困"?

吃着来自地中海的海鲜,手玩着来自波罗的海的琥珀,欣赏着西欧的歌剧,抽着来自阿拉伯的水烟,我立刻明白:乌克兰是四战之国!

四战之国,也称"衢国",在中国古典政治经济学中指地理上四面受敌的国家,如果这种国家不采取防守中立的政策,政治经济上将是灾难性的!

《商君书·兵守第十二》一语道破了其中的玄机,文章开篇即说:"四战之国贵守战。"

为什么要守战呢,因为如果参战,就会有四面受敌的危险。文中解释说:"四战之国,好举兴兵以距四邻者,国危。四邻之国一兴事,而己四兴军,故曰国危。四战之国,不能以万室之邑舍巨万之军者,其国危。"作

图4-9 建于11世纪的基辅索菲亚大教堂及其前面广场上的雕像,索菲亚大教堂内双手上举的圣母像是神护佑基辅的象征——上帝保佑乌克兰!易华教授2016年4月22日摄于基辅

者的意思是说，假如四面受敌的国家喜欢骚扰四邻，国家就危险了。因为四面的邻国发动一次军队，自己就相当于发动四次军队，所以说国家危险。四面作战的国家，如果不能在上万户的城邑驻守数以万计的军队，这个国家就危险了。

《管子·国蓄第七十三》干脆将处四战之地的小国君主称为托食之君，因为在战争的巨大消耗面前，国家没有任何资产，国君简直是虚有其名。（原文：夫以百乘衢处，危慑围阻千乘万乘之间，夫国之君不相中，举兵而相攻，必以为扞挌蔽圉之用。有功利不得乡【通"享"】，大臣死于外，分壤而功；列陈【通"阵"】系累获虏，分赏而禄。是壤地尽于功赏，而税臧【通"藏"】殚于继孤也。是特名罗于为君耳，无壤之有；号有百乘之守，而实无尺壤之用，故谓托食之君。）

乌克兰处于四战之国，独立25年来，不能坚守中立，在东西大国势力之间随风倒，难怪国内国际冲突不断，外乱而内贫，亦有其必然者！

若乌克兰能外中立而内固守，此沃野之上，流溢牛奶与蜂蜜之地，必成欧洲"天府之国"——祝福乌克兰国家和人民！

4月30日，我们去逛基辅市中心独立广场旁边的书店。在书店的推荐书位置，我看到印在整张封面上的一个亚洲人面孔。我不禁问随行的郭远鹏博士，这本书标题是什么，封面上的人是谁？他告诉我：这是新加坡前总理李光耀先生的传记。

李光耀能将新加坡从一个蕞尔小国，变为受人尊敬的亚洲富国，显然其内政外交多高明之处——这本书的翻译，当是乌克兰有心者为之。

我不禁想到自己的祖国。哥伦布西行没有发现他梦想中处于当时世界经济中心的中国，却让中国东部从此直接处于海洋势力的干涉之下，从鸦片战争到今天的南海争端，一天都不得安宁。

数千年来，习惯于单方面防御北方游牧民族的我们，不得不面对北、东两面作战的巨大风险。谋国者，在此大战略上当始终保持清醒头脑。海洋时代不同于农业时代，我们当尽力避免两线作战——诸君不见乌克兰之覆辙乎！

10. 异国真情

这次乌克兰访学，我们得到了海内外诸多机构的帮助，包括：

乌克兰驻中国大使馆、乌克兰"兰华"文化研究中心、北京乌克兰之家。

我们更要感激那些在乌克兰工作和学习的同胞，他们利用自己宝贵的时间，陪同我们到处参观，还不要我们的翻译费用，尽量为我们安排好食宿，品尝异域风情。我永远忘不了在利沃夫市政府工作的郭凯博士的深情厚谊，每当因为胃的问题不想品尝什么美食时，他总是三番五次地劝说："翟老师，尝一点，尝了才知道是什么味道……"

这些在国外的同胞打拼亦很辛苦，我们实在感到亏欠他（她）们很多，这些朋友包括：杨菁菁小姐、郭凯博士、郭远鹏、王佳夫妇、朱子恒先生、张沛恩先生。张沛恩先生已经在乌克兰生活和工作二十多年，一直在为中乌两国人民的文化和商业交流而努力。5月1日晚上，他特意来乌克兰饭店陪我和易华教授喝茶，坚持第二天早上开车送我们到机场——等我们办理完了登机手续，他才放心地离开。

我们还要感谢乌克兰考古、文物、文化诸多机构的专家、学者和翻译，他们的专业精神和待客热情令人难忘，谢谢他（她）们！

最令我感动的是4月26号中午，在我下榻的宾馆，利沃夫收藏家乌拉基米尔·明尼考夫（Wladimir Meenikow）来拜访我。当看到他收藏的诸多精美青铜饰件，特别是有关宇宙树、双蛇相交的主题，引起我极大的兴趣——这些草原风格的青铜器显然与欧亚大陆龙（蛇）形象的传播关系重大，具体情况还有待研究。

后来，乌拉基米尔·明尼考夫（Wladimir Meenikow）将自己收藏的三头蛇青铜饰件作为礼物送给我——这凝聚着一个收藏家对来访者怎样的信任与敬意啊！

作为乌克兰人民友谊的象征，我会将它永远珍藏。

与中国蓬勃飞速发展的经济，不断更新的基础设施相比，乌克兰显然还有相当长的路要走。但那里优美的环境，悠闲的生活方式和纯天然的食物，再加上比中国更低廉的价格，无疑，乌克兰仍然是中国旅行者的天堂——那里，美景与美女，美食与美酒，自然天成，兼而有之！

图4-10 利沃夫收藏家乌拉基米尔·明尼考夫（Wladimir Meenikow）送我的三头龙（蛇）青铜饰件，年代为公元11—13世纪，乌克兰西部出土，笔者2016年5月6日摄于北京寓所

事实上，新闻上曾经热播的武装冲突只局限于乌克兰的两个东部省份。在基辅和利沃夫，没有任何战争的味道，那里甚至比中国嘈杂的大都市还要安静、还要优雅……

乌克兰之行，让我懂得：一个国家和他的知识精英应该怎样珍惜自己的历史和文化，那是国家认同的基础——抛弃中国文化，无论以隐性的形式（以中国文化为研究对象，用西学肢解中学），还是以显性的形式（如五四运动中的某些激进行为），都是对历史和后代的犯罪！

最后，希望我在全球范围内跨民族、跨国界、跨文化，对太极图的研究有利于国人认识世界中的中国，一如太极图的研究有利于乌克兰人民认识世界中的乌克兰。

在全球化的时代，每个族群都需要从全球和人类整体的角度理解自身。

——文化上的闭关锁国是灾难性的！

二、青藏高原行记

1. 一门一世界

飞越青藏高原边缘苍劲的巨大褶皱，看到山谷如网一样延伸到天际，我就知道快到青海省会西宁了。

到西宁的时间是 2016 年 6 月 19 日下午一点多，还早，我索性来到街上，打辆车，问司机哪里有寺庙可以一游。司机说，西宁的南山和北山都有寺庙，你要选择哪一个——我选择了南山。

南山并不高，有两座汉传佛教的寺院。其中法幢寺于 2003 年迁建于此。

我信步走了进去，院内右边还在搞建筑，左边却香火缭绕，经声一片，足见师傅们是勤于用功的。

如汉地的所有寺院风格一样，一切都平常。

但当我走到后面的大雄宝殿时，却被大殿一侧门楣及门前大钟的纹饰吸引住了（如图 4-11）。吸引我的不是赵朴初老先生"大雄宝殿"几个刚健的题字，而是它集中的太极、八卦纹饰——这里有太极图，世界普遍存在的符号万字，云纹，彝族的八角形八卦，还有汉地的阴阳爻八卦。

门楣最右边和最左边都是典型的太极八卦纹饰，它们中间是太极图，

图 4-11 西宁南山法幢寺大雄宝殿一侧的大门，充满太极八卦图饰，作者 2016 年 6 月 19 日摄于西宁

环绕太极图的是八角八卦。在彝族，这种图叫"宇宙本源图"，它是中国文化中最基本的宇宙时空模型。

门楣中间的两幅图，左边是万字纹，右边则是云纹，后者也是由太极图纹饰演化而来的。著名彝文专家王继超先生曾经在自己主编的《彝族美术：黔西北民间工艺美术辑》（贵州教育出版社，1995年5月）中写道："带有八卦的图案造型，由太极图延伸的云纹图案，则是彝族先民认识世界，认识事物的记录，思维方式，总结的规律用符号释放出来。"

写作本文时，笔者曾打电话给王继超先生，问他的论断何来，他说从彝族的衣饰中能够明显看出来——在中国西北地区的一些地方，两端向内卷起的如意云纹面馍被称为阴阳未开的混沌，亦可以做成彝族输必孜（太极图）样式，即一蛇或两蛇盘绕——显然，云纹和太极图二者是可以互换的。

6月22日，我拜访了青海省社会科学院民族宗教研究所所长鄂崇荣博士。他告诉我，在藏传佛教中，"宇宙本源图"表示的是法轮。青海是汉、藏等诸多民族文化的大融汇之处，所以汉传佛教的寺庙里也会出现藏传佛教的符号。

我曾指着"宇宙本源图"，问法幢寺的一位老年女居士此图何意，这位似乎没有什么文化的老居士脱口而出：八卦！我追问她如何知道，她竟一时不知如何回答；似乎这里的普通民众也和陕西的百姓一样，仍习惯于将八角称为八卦。

本来，太极八卦、洛书河图是人类最早的、基于经验与数理模型基础上的"现代科学"，是天文历算的基础。今天，诸多知识分子却把他看作玄学符号，真令人痛心——算卦只是太极八卦所衍生的学问之一小部分，天文历法、医学、心法等才是其精华所在。

面对这个红色大门，我久久不愿离去。"一门一世界"——世界人生舞台本来不就是由一扇扇大门构成吗，无数机缘等待着我们。它永恒、新奇而激动人心……

2. 中国古欧洲

当第一眼看到几位土族妇女摊开的大量盘绣作品时，我惊呆了，怎么会有这么多的太极图饰——特别是在腰部、前摆和肩部，这和五六千年前古欧洲特里波利耶－库库泰尼文化的装饰艺术太相似了。只不过，后者的太极图除装饰在女神的衣服上，更多地装饰在陶器上——如果将青海博物馆里收藏的四五千年前大量螺旋纹，S纹这类太极图纹饰联系起来，青海省海东市互助土族自治县简直就是"中国古欧洲"！

来西宁前，我就知道土族盘绣中有太极图纹饰，但不知其流布情况，这是我想深入了解土族文化的缘起。

2016年6月20号，青海省民族宗教事务委员会的包颋主任问我：是愿意采访相关领域的专家还是亲自去土族地区考察，我立刻选择了后者。我知道，专家常常会忽视重要的人文信息而专攻一面，我在全球范围内对人类文明基因，表达阴阳观念的太极图的研究必须超越学科、超越族界、超越国界。

互助土族自治县距西宁只有四十多公里，该县东沟乡花园村是包主任单位的扶贫对象，所以她将我介绍到该地采访。目前土族人口22万人，主要集中在互助土族自治县。来之前，包主任以女性特有的细心，事无巨细地为我安排了行程。

花园村距互助县城还有约半个小时的车程，黄土丘陵上的进村路很窄，只能一辆车通过。当时村长不在，接待我的是他太太。

这位四十多岁的阿姨不识字，但很纯朴。她将我领到一户人家，找了几位盘绣能手，让我看她们的作品——太极图纹饰在这里已经成为普通的装饰品，我对此大感不解，问这些纹饰从何而来？

她们的回答简单而没有结果：上辈人就是这样传下来的。

但她们告诉我，互助土族故土园有详细的介绍——我或许可以从那里得到答案。

下午，我们驱车前往位于互助县城的互助土族故土园。在那里我了解到，直到元末明初，藏传佛教格鲁派（宗喀巴大师创立的黄教）才传入土族地区，并在该地迅速发展，成为当地民众普遍信仰的宗教。在此之前，土族的文化是萨满文化。

大道并行而不悖。萨满文化并没有因为佛教的传入而消失，当地还有被称作"法拉"的萨满，每年的农历二、三、四月份，还有萨满主持的"梆梆会"，会上萨满敲起单面的皮鼓，沟通人神。

在互助土族故土园宗教展示馆，我看到一面萨满鼓正面中心竟画着红

图 4-12 土族妇女的盛装细部,太极图成为其最典型的装饰图案,这不禁使人想起五六千年前古欧洲的装饰艺术,笔者 2016 年 6 月 21 日摄于青海省海东市互助土族自治县

绿（也可能是黑色，有点看不清）两色的太极图。据工作人员介绍，这也是萨满鼓的一种——将脱胎于人类文化底层的萨满文化，表现一阴一阳生生之道的太极图重新画在萨满鼓上，人类文明发展的复杂性在这里可见一斑！

由于缺乏文字和考古的证据，对于土族人的起源，学者们一直没有形成广泛的共识。大致可以肯定的是，这个族群曾受到蒙古、吐谷浑和当地古羌族的影响。由于蒙古族和吐谷浑先民并不普遍用太极图作装饰，所以当地的太极图纹饰很可能源自古羌族——事实上，学界普遍认为，广泛保存太极图纹饰的彝族也与古羌人有关。

2016年11月10日，在甘肃省嘉峪关市召开的"丝绸之路彩陶与嘉峪关历史文化研讨会"上，我访问了四川茂县黑虎乡著名释比（羌族萨满）余有陈先生，他告诉我，羌族民众盖新房时，大梁中间要绘上太极图。上梁时，太极图向下，黑色部分朝向大门口，红色部分向内，意为红龙将黑龙赶出去——现代羌族人不仅应用太极图，同欧亚大陆上的许多民族一样——他们在某种程度上还保存着太极图原型是龙（蛇）的古老记忆。

从古欧洲到当代中国土族，二者普遍将太极图作为自己的装饰图案，欧亚大陆文明的演化如此丰富多彩。尽管前者多是开放式的螺旋太极图，而后者则是标准的"阴阳鱼"太极图。

3. 岩画作证

怀头他拉岩画因地处德令哈市怀头他拉乡而得名。

2016年6月24日一早，我和德令哈市民宗局哈斯秦格力局长、侯生明先生一行去怀头他拉乡考察岩画。

我们先到了怀头他拉乡政府，因为当地的守林员南登，也是我们此行的向导在那里等着我们。

南登才22岁，是一位结实英俊的蒙古族小伙子。后来我们发现，如果没有南登，我们的考察几乎不可能进行。因为他生于斯长于斯，岩画所在的牧场就是他亲戚家的。所以他能指给我们每一处岩画地点，告诉我们哪些是古代的，哪些是现代小孩子的涂鸦之作——尽管二者之间的区别较容易辨认，但他的指点还是给我们带来了极大方便。

图 4-13 向导南登告诉我们,浇上水后,岩画会显得更为清晰——这是浇过水后的"大岩画",笔者 2016 年 6 月 24 日摄于德令哈市怀头他拉乡沙柳沟

怀头他拉岩画所在地沙柳沟十分荒凉，距离公路还有 18 公里。这里是国家重要野生动物保护区，是雪豹、岩羊等珍稀动物的出没之地。

越野车在沙路上行驶，十分颠簸，有时我甚至搞不清哪里是路，哪里是沙漠。即使这样，最后一公里路也要步行才能到达岩画地点。南登告诉我们，上次几位军人一小时才走完了一公里路，因为这里海拔高达 3800 米，氧气稀薄。

说来奇怪，到了那里，我没有任何高原反应，不到二十分钟，我们就到了第一个岩画地点，那是一条刻在石头上的蛇——这里 100 余幅岩画中有多幅蛇形图案，可能岩画的作者当时崇拜蛇——地球上没有哪一种动物如蛇这样深入人类的精神生活，在世界范围内，盘起的蛇正是太极图的原型。

我们很快到了怀头他拉岩画集中的地方，那是一块一米多宽的巨石，就在河道的上方，南登称其为"大岩画"。"大岩画"上面有多种太极图案。

其中有两幅完整的太极图案。奇怪的是，两个太极图上下似乎都拴着绳子样的东西，由于右边的太极图旁边多个兵器，那么这种造型会不会是盾呢？因为公元 4 世纪（乃至更早）罗马士兵的盾徽上就有太极图，军事与太极图相联系的现象一直持续到现代，新加坡和安哥拉空军都用太极图作标志。

6 月 29 日，我就这个问题询问西藏自治区民宗委副主任多吉次仁先生。这位渊博的学者型官员告诉我，这个图案当是鼓，它旁边的东西应当也都是法器，太极图两边的绳子是拴鼓用的。我认为，多吉次仁先生的论断是正确的，因为我在拉萨大昭寺里，就看到了中间绘有太极图的法鼓。

另外两幅太极图圆内有双 S 环绕，其中一个居岩画正中，另一个偏右下方，下面还有一个藏传佛教符号万字。

最后一种太极图是圆中画一条直线，分出阴阳，彝族典籍《宇宙人文论》（民族出版社，1984 年 3 月）中也有类似图案。

从整体上看，这是带有宗教巫术性质的岩画，其中还有金刚杵等诸多佛教符号。南登告诉我，乡里老人们视这里的岩画为神圣之物，不许小孩子对其不敬，如对岩画吐唾沫等等。他还告诉我，一些岩画的下方过去铺有石板，那当是用来放祭品的——或许正是因为当地人视岩画为神圣，这些岩画才得以经历岁月的风雨保存下来。

据多杰才让主编的《中国柴达木岩画》（青海民族出版社，2013 年 7

月),此处岩画的制作时间约在公元6至7世纪,甚至更早。岩画上的诸多藏族字母和佛教符号证明,它的制作者有的熟悉藏文化。而汉地出现"阴阳鱼"太极图的时间是12世纪的南宋时期——怀头他拉岩画十分清楚地告诉我们:西部少数民族对中国文化的发展曾经起到十分重要的作用,史前是这样,历史时期依然是这样。

4. 铁鞋踏破

行走在青藏高原,我对自己在藏传佛教艺术中看到的太极图感到大惑不解——这些纹饰到底来自哪里?又是何时传入青藏高原的呢?

青海德令哈的岩画最多只能证明中国西部地区太极图的出现比中原地区早,除此之外,很难为我们提供进一步的信息。

带着这些疑惑,我开始在拉萨参观和访问。

2016年6月29日上午,我拜访了西藏艺术研究所的索朗多吉研究员。索朗多吉先生五十岁左右,温文尔雅。我谈了此行的目的,并给他看了自己在德令哈拍的岩画照片。他告诉我,这种太极图纹饰在西藏表示吉祥之意,除此之外,他似乎并没有太多的信息告诉我。最后,我不禁有点着急,问道:"您认为这类图片是12世纪以后汉地传入的吗?"

他的回答让我眼睛一亮:"不会来自汉地。因为我在日喀则萨迦寺的古老佛经中看到过这类符号,当时还以为是页码什么的,现在才想起来是太极图纹饰。"

萨迦寺位于西藏自治区日喀则地区萨迦县本波山下,是一座藏传佛教萨迦派寺院。寺院内的经书墙有800多年历史,藏书约有8.4万卷——问题是,我无法立刻去萨迦寺翻阅这些文物。再说,即使看到了相关经书,还需要找专家推定其年代。

6月29日晚上,我有幸结识了西藏自治区民宗委副主任多吉次仁先生。多吉主任学识渊博,也很健谈。讲到藏人与北美印第安人的相似性,让人耳目一新,我甚至后悔没有录音,因为既了解藏族文化又了解北美印第安文化的人实际上很少;他还讲了藏族与外族的交往史,原来西藏从来就不是孤立的高原,甚至喜马拉雅山对像夏尔巴人这样的跨国族群来说也如履平川。

图4-14 拉萨大昭寺中心大殿藻井的太极图浮雕纹饰,索朗措姆小姐2016年7月3日摄于拉萨大昭寺中心大殿

我给多吉主任看了时轮历中的太极图纹饰。他断定，这些太极图纹饰一定来自印度，因为11世纪时轮历已经传入西藏，比汉地出现太极图的时间要早。多吉主任还告诉我，太极图纹饰在西藏地区也有阴阳之意，它有时表示六道轮回的阴界和阳界。

多吉主任最后向我介绍了他的同学，西藏社会科学院宗教研究所的旦增朗杰先生。他说关于西藏历法的更多知识我可以去请教旦增朗杰先生。

6月30日上午10点，我准时来到旦增先生的办公室。从他推演历法的过程中，我发现洛书在西藏历法中仍扮演着十分重要的角色，一如它在古老的彝族历法中一样。

旦增先生告诉我，太极图纹饰无论是两个旋，还是三个旋、四个旋，在藏语中都叫"诺布嘎吉"，意为喜旋珠，表示吉祥。他认为这个图并没有特殊的意义。对于太极图纹饰来自哪里，何时传入，他也说不太清楚。

——这三位学者说得都很有道理，就是没有坚实的证据证明西藏的太极图纹饰来自哪里？何时传入？

只能靠自己探访了！

我先去了西藏博物馆，又去了布达拉宫，友人赵忠美女士（边玛措姆）还特地为我请了藏族导游索朗措姆小姐。

但在琳琅满目的国宝面前，我依旧一无所获。

7月1日中午，我和索朗措姆从布达拉宫出来，吃过饭。我让她送我到最近的新华书店。"仗剑需交天下士，黄金多买百城书"，还是去拉萨的书店看一下吧，反正也没其他事情……

布达拉宫广场旁边的新华书店并不大，只有一层。除了藏文的书，也有关于西藏的汉文书籍专柜。我走了过去，随意翻阅。当我打开《中国藏传佛教艺术：木雕卷》时，我惊呆了！

我看到了吐蕃时期的西藏太极图纹饰——它在大昭寺中心大殿藻井中央！

6月29日索朗多吉先生就邀我同游了大昭寺，当时我们为什么没有看到——回京后，索朗措姆告诉我，这个地方现在没有对外开放，她还善意地给我寄来了自己拍摄的中心大殿藻井照片。

拉萨大昭寺始建于公元647年，西藏太极图纹饰是随着藏传佛教，从印度传入西藏的，年代就在公元7—8世纪！

后来，通过文献资料我搞清楚，印度也有用以表达阴阳和合的太极图——且印度人如同欧亚大陆上诸多古老民族一样，仍保留着对太极图本来面目——灵蛇的远古记忆。

"踏破铁鞋无觅处，得来全不费工夫"，有时学术的研究真是这样。

发现的快乐如此激动人心，一般人很难体会得到……

5. 人类圣原

青藏高原纯洁、神圣、庄严，如同夜幕下的布达拉宫。

布达拉宫也因此成了我的"神山"，只要有时间，我、赵忠美女士（边玛措姆）、徐梦新先生都喜欢夜晚去转布达拉宫。

青藏高原是纯洁的，因为那里有信仰藏传佛教的古老民族。

在青藏高原，你能轻而易举地体验到人与自然的深度和谐。在狭窄山路上遇到双瞪得大大的眼睛，那是一头牛，你心里不禁一颤。但不用担心，过不了几秒钟，牛儿就会温顺地走开，礼貌地给你让路，绝对不会发生"顶撞"。

或许只有在青藏高原，你才会遇到这样的情形，钱包丢了，里边除了现金还有太多的证件。你心急火燎地按原路回头去找，在某个地方，一位老者站在路边，拿着你丢失的钱包，在瑟瑟的风中等着你。

陪同我的赵忠美女士告诉我，藏人对待生活挫败的观念与汉人不同。面对失意，他们不会去抱怨别人，而是认为上世没有做好，以后要做得更好才对——这不就是禅宗"应无所住而生其心"的生活版吗！

将信仰化为生活，将精神凌驾于物质，将助人当成天职——这就是藏人，如雪山白雪般纯洁的藏人！

青藏高原是神圣的，因为藏人将所有的生灵视为神圣。

我知道，在青藏高原的边缘，还零星地残存着信仰万物有灵的萨满文化。而藏人则将这种古老的信仰与佛教文化有机地融合在了一起。

赵忠美女士尽管只有一半的藏族血统，却完全受到藏文化的熏陶。有两件事，让我深深理解到藏人自然观念与我们的不同。

7月2日，笔者和赵忠美女士、徐梦新先生一起去拉萨尼木县尚日村考察苯教寺院。去的路上，我们被远处山上白云间的村庄吸引，下车拍照。

图 4-15 青藏高原灵魂的缩影——夜幕下的布达拉宫，作者 2016 年 6 月 28 日摄于布达拉宫广场

登上路边小丘，我看到一束美丽的花，在黑灰的山石间开得格外艳丽。我不禁向忠美喊："看，这花多漂亮，我将它采下来送给你！"没有想到，忠美马上阻止了我。她的理由让我吃惊：不要采，你采了，花儿就会失去生命！

在回来的路上，我们面对高山峡谷，将车停靠在大河边观景。看到一种长着像姜一样块根的植物，我扯下一个块根，问忠美，这是什么植物？她说自己也不知道。于是我随手将它扔在了地上。没想到，忠美立刻蹲下身，认真地将块根埋在土里。她说，这样它就很快会生长发芽。

我被忠美的行为深深震撼了，我意识到：当人类以玩世不恭的无知，将一切神圣的观念去神圣化时，自己的生命亦不再神圣，甚至会枯萎。

青藏高原是庄严的，因为世界上所有文明都以其为中心展开。

这是我此次全球范围内研究太极图的主要成果之一。它使我从狭隘的西方视野中走出来，重建人类文明体系的坐标——以青藏高原为原点，重新界定过去数千年人类不同文明形态。

青藏高原以西，是信仰《旧约》的一神教文明，包括基督教、犹太教和伊斯兰教；青藏高原以东，是以中华文化为代表的、内圣外王一以贯之的道统；青藏高原以南，是发展了复杂精深的内修文化的印度文明；青藏高原以北，则是东西文明交流的大通道，同时北亚、北欧、北美还残存着诸多萨满文化，那是人类文明的底色。

过去数万年来，青藏高原如庄严的神山，东西方一切文明形态都围绕着它展开。这是怎样雄浑壮阔的景象啊！

青藏高原纯洁、神圣、庄严——它是全人类的圣原！

6. 与子同袍

过去一年里，在极尽自己体力和智力的学术考察过程中，我接触了太多不同国家、不同种族、不同职业的人们，是他（她）们的帮助，我本应艰辛的研究，却顺利地进行下去。通过太极图的全球比较研究，我改变了自己，使我更加热爱不同地域和族群丰富多彩的人类文化。

数万公里的学术考察，我深深体会到：人类文化是一个整体，本质上没有高低上下之分，只有地域特点之别。中国文化是一种高度发展文化，

图4-16 在长达一年的学术考察过程中,我在海内外拍摄了数千张照片,其中最为震撼的是 2016 年 7 月 2 日,在拉萨尼木县尚日村苯教寺院白塔前拍摄的藏族老人照片。这两位八旬老人,那种发自心底的安详与喜乐——令人感动、令人深思!

如太极、八卦（角）一样，它是普世的，因为大道不属于哪个个人、哪个族群、哪个国家，它属于全世界！

我不知如何表达对自己访问过的不同族群的人们的感谢和感恩，只好将一首写给青海省德令哈市民宗局哈斯秦格力局长的诗附在下面，来表达我的心情。

海内存知己，天涯若比邻。

那是 2016 年 6 月 24 日早上，我和哈斯秦格力局长一行去德令哈市怀头他拉乡沙柳沟考察岩画。怀头他拉比德令哈市海拔高出近千米，极为寒冷。荒凉的山谷间，穿过低矮的草丛，我们的裤腿都湿透了。艰难跋涉到岩画地点，我拿相机的手都颤抖起来。

哈局长见此，立刻将自己的厚夹克脱下来给我穿上，自己上衣只剩下短袖衬衫。我说这怎么行，他说："你穿上，我们蒙古人习惯了，不怕冷。"——我不知如何表达自己的感激之情，不禁想起《诗经·秦风·无衣》中的诗句："岂曰无衣？与子同袍……岂曰无衣？与子同裳。"

哈局学识渊博，才艺俱佳。晚上茶室同我们笑谈古今，人生哲理，其乐融融，以至大家深夜忘归。

在德令哈四五天，哈局对我的关心帮助令我终生难忘。我将离德令哈赴拉萨时，他已去深圳开会，东西万里凉热不同，作此诗寄之，诗云：

> 雪域广寒凉鬼神，
> 脱下夹衣衣我身。
> 君言蒙人习此境，
> 灵存草木岂无情。
> 小阁谈禅惊四座，
> 千里相知若比邻。
> 东西空花水月事，
> 磨取乾坤一片心。

附录一
印度版"亚当和夏娃的故事"

印度文化对人类精神世界的影响要远远大于它对人类物质层面的影响——起源于印度的佛教成为中国文化的重要组成部分,影响遍及整个东亚;印度有关蛇的隐喻又通过基督教影响了整个西方世界。

《旧约》亚当、夏娃的故事与印度《巴维施亚奥义书》中亚当玛(Yadava)、夏玛娃缇(Sharmavati)显然出自同一个原型,都在探讨物质享受、色欲、诸业与智慧(神性)之间的复杂关系;徐达斯先生介绍的亚当玛和夏玛娃缇的故事,有助于我们理解《旧约》中亚当和夏娃故事的本义。

本篇节选自徐达斯先生《上帝的基因:破译史前文明密码》一书第96—98页,该书由重庆出版集团、重庆出版社2008年4月出版。

在青铜时代之末,亚亚提国王因为对妻子不忠而遭岳父诅咒,使他在盛年之时忽然衰老,但他还想享乐,于是便问他的四个儿子,谁愿意以他们的青春交换他的年老。只有最小的儿子普茹愿意,他对父亲亚亚提说:"我这躯体是您给我的,它属于您,您想怎样用都可以。"

亚亚提很高兴,立即以他的年老换取了普茹的青春,继续享乐。一段日子过后,他终于厌倦了物质生活,便把青春交还普茹,取回自己的年老,接着他立了普茹做他的继承者,同时把其余三个儿子赶走,并对他们说:"你们不配做我的儿子,你们都不爱我!"

于是那三个儿子只得离开,他们走了很远很远的路,来到世上三个不文明的角落。由于他们是来自文明之地,所以看起来与众不同,甚至像神一样高贵,于是他们便统治着那些未开化的人群。亚当玛就是亚亚提的三个儿子之一。亚当玛(Yadava)是梵文读音,在《圣经》中他被称为亚当。

附录一 印度版"亚当和夏娃的故事"

图 5-1 德国奥格斯堡 1470 年传道铜镜图案，蛇以禁果诱惑夏娃，此蛇造型奇特，人首蛇身（图片来源：叶舒宪：《千面女神》，上海社会科学院出版社 2004 年版，第 179 页。）

那些野蛮人懂得使用巫术，在一次火祭中，他们借巫术把整个野蛮部落所有国王的恶业都献给火，并炼出一个女人和一个果子，那女人就是夏玛娃缇（Sharmavati），在《圣经》中她被称为夏娃。

由此可知，亚当和夏娃并非神最先创造的人。

夏玛娃缇来自巫术的无知之火，但却是个隐士，并嫁了给亚当玛。他们一起修炼瑜伽，一丝不挂，长处于冥思之中。但其他野蛮人却觉得他们是疯狂的，因此把他们逐出了他们的族群。这时，处于亚当玛心中的神对他说："我在此地东南端的一个角落里为你们准备了一个乐园，你们到那里去吧。"

那包藏着罪恶的果子总追随着亚当玛和夏玛娃缇，他们来到乐园后，那果子也穷追不舍，并把自己挂在园中一棵树上，它与那树没有丝毫关联，看去就像树上无端隆起的一块，那是个不自然的果子。于是神对亚当玛和夏玛娃缇说："除了那个果子以外，你们可以吃园中的任何水果。"因为那果子里藏着的是野蛮部落所有国君的恶业，所以神不许亚当玛和夏玛娃缇碰它。于是他们只吃别的果子，那时他们都是神的忠实仆人。

但那时也是铁器时代或卡利时代（Kali yuga）的开始，罪恶已在影响着人。这时卡利化身为蛇，一天，他对夏玛娃缇说："你知道为什么神不许你们吃那果子吗？"

夏玛娃缇说："因为那是禁果，所以我们不能吃。"

蛇又问道："但你有没有想过为什么不能吃它？"

夏玛娃缇回答道："为什么要想，神吩咐什么我们都要听从。"

蛇又说："你知道吗？假如你吃了那果子，你就会成为神。神因为不想有人跟他竞争，所以才不许你们吃它。"

夏玛娃缇说："别这么说，这种话令我难受。"

蛇继续引诱她："你听我说，如果你吃了这果子，你就会成为神。"

夏玛娃缇反问蛇："那你自己为什么不吃？"

"我当然会吃，但如果你和你的丈夫也吃，那我们三人都会成为神，到时候就可以合力把神赶下台。"

于是夏玛娃缇想，这也未尝不是个好计划，为什么不试一下呢？于是她来到丈夫亚当玛面前，并对他说："如果你吃那果子就会变成神。"

亚当玛大吃一惊："什么？不！我永远也不会碰那果子，神告诉过我们不能吃它。"

夏玛娃缇说:"你真天真,你为什么不向前看,别那么一成不变好吗?"

其实在此之前,蛇曾经引诱过亚当玛,但遭到了亚当玛的拒绝,这在《圣经》上是没有记载的。但蛇点燃了亚当玛的色欲。于是,一天,亚当玛对夏玛娃缇说:"我想享受你那美丽的身体。"

她很吃惊:"什么?我们是隐修的瑜伽士,不应干那事,只有野蛮人才会那样做,否则我们根本不会在这乐园里。"

但亚当玛坚持说:"我真的很想享受你那美丽的身体,真的很想。"

那时夏玛娃缇拒绝了他,由于蛇当初引诱对亚当玛不成,所以才转而去引诱夏玛娃缇。为了让亚当玛吃那禁果,夏玛娃缇便对他说:"如果你想享受我的身体,你就得吃那果子。"

"好吧,把那果子给我。"亚当玛实在禁不住色欲的催动。

于是两人都吃了那禁果,而蛇在一瞬间便溜了,因为它知道留在那里一定会受罚。接着神出现了,他问:"亚当玛,你在哪里?夏玛娃缇,你在哪里?"

他们都躲在树丛后,忽然意识到自己没有穿衣服,开始用手掩住赤裸的身体,此后他们都变得有很强的身体意识,他们的结合也开始了一个新的族系。

附录二

人类文化艺术的唯一起源性

岩画学者早就注意到,人类曾经经历过漫长的同质性文化阶段。

旧石器时代晚期,地球上那些捕杀大型动物的早期狩猎者们创造了人类共通的文化母体。这些人会使用各种石器,却不会使用弓箭。他们长期住在岩洞里或窝棚里。在中东、欧洲和非洲的岩洞里,人们找到了堆积达几米的文化层。

早期狩猎者不仅创作了表达神圣观念的大型动物、手印、女性生殖器、十字等共同人类符号系统,还有了明确的二元概念——一阴一阳的观念。意大利卡莫尼卡山谷史前研究中心主任,国际岩画委员会主席埃马努埃尔·阿纳蒂(Emmanuel Anati)教授评论道:"至少在过去40000年里,人－动物两分法及其与自然的关系表达了一种活跃的思维和复杂的概念,这集中体现在人-动物形的脸部。欧洲和中东旧石器时代早期的人类以及坦桑尼亚的原始艺术家们对世界的看法是建立在二元化的概念上的,这种概念至今仍部分地在当今的某些部落中流传着,他们仍在使用人形面具。"[①]

本篇节选自阿纳蒂教授《艺术的起源》一书"结论"部分。

本书的各个章节引导着我们进行了一次为期50000年的人类概念世界和美感世界的探险旅程。直到几年前,进行这样全球范围的分析还是不可能的事。实际上,尽管史前艺术的研究近来取得了大跃进,但它仍然还是一个新的科学,它还在形成之中。这是一项巨大的但又激动人心的工作,

---

① 〔法〕埃马努埃尔·阿纳蒂:《艺术的起源》,刘建译,中国人民大学出版社2007年版,第380页。

附录二　人类文化艺术的唯一起源性

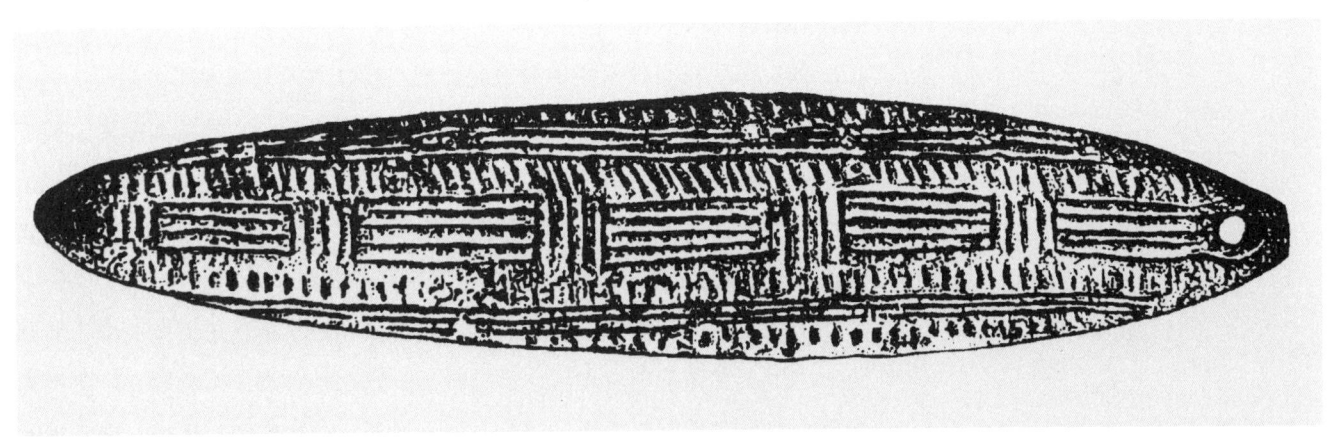

图 5-2 响板是史前智人的一种乐器，它系在绳子上，绕动绳子，响板会发出嗡嗡声。上图是法国多尔多涅地狱谷出土的 35000 年的驯鹿角响板，它与当代澳大利亚土著用的护身符大致相同——人类共同文化的生命力常常超越我们的想象（图片来源：〔法〕埃马努埃尔·阿纳蒂，《艺术的起源》，刘建译，中国人民大学出版社 2007 年版，第 409 页。）

等待着专家们去对人类进行研究。

我们发现，艺术创造性帮助了我们去理解逻辑结构、分析和综合的能力以及画面表现和交流的能力，这些能力是人类这个物种所具有的基本特征。智人——人类的直接祖先——所发展起来的抽象能力使人类得以构思视觉表现和图画信息。自此以后，人类就变得跟以前不一样了。或许我们甚至可以这样说，人类就在这个时刻诞生了。

智人一旦能够创作艺术之后，他们也就能够进行口头交流了，这多亏了发音这套复杂系统，我们称其为"语言"。之后，我们的祖先繁衍并从他们的起源地迁移到了世界的各个大陆上，他们随身带去了他们的习俗、传统，特别是视觉艺术。

我们基于相当数量的资料数据认定，视觉艺术只被发明过一次，它只有一个起源。同样的过程应该导致诞生了心理思维动力的基本要素，我们称之为"逻辑"，它也是口语、复杂语言以及思想和宗教概念性得以形成的起源。语言、艺术和宗教应该是同一个概念"整体"的产物。所有这些都应该在人类大迁徙之前的起源地有一个唯一的渊源。

智人之前的一些零星发现表明，人类在经过了成千上万年长期不断的尝试之后，发现了交流表达之道。然而，这却是人类艺术和概念的创造性大爆炸，是以后所有表达的滥觞。在全世界，某些题材、风格、概念和组合特点在人类最古老阶段的反复出现证明了人类知性的唯一起源性，这种重复出现与以后时代的逐渐分化形成了对比。

与图画信息相反，最初的复杂发音并没有流传给我们，这和其他那些口头或视觉交流的各种尝试也没留给我们的情况是一样的。然而，我们却拥有流动性艺术的遗迹——成千上万的物品、小雕像、石板和被装饰的工具，而且尤为值得提出的是，上百万幅的岩画，占世界上已知的史前艺术遗产的绝大多数（总共要超过98%），至今仍散落在所有大陆的岩石上和岩洞里。

部落艺术承继了史前艺术，两者就像一个纪念章的两面。在大学教育里，两个课程是互为补充的。事实上，如果不了解史前艺术，也很难理解和欣赏部落艺术，反之也是如此。

人类起源时的艺术是我们重建有文字之前历史的信息库。这些艺术作品是当代人类的祖先们自身及周围世界所具有的观念的主要见证。同时，它们也是所发生事件的反映，这些事件影响了人类的创造和交流能力并决定了革新、变化与演进。

人类及其文化的历史就这样有了新的重要意义。最早的文字记载有5000多年的时间之久，而视觉艺术为人类历史的某些方面提供了时间要长10倍的见证。有人已经提出，历史可以包括属于史前的那些阶段和空间，并且从理论上，可以追溯到最初的图画原作，也就是说，追溯到艺术的起源时代，这种提法使人类这个物种及其智力探险具有一个"整体的历史"成为可能。事实上，即使这种研究尚在初级阶段。我们已经拥有了足够的条件来把这些史前和部落的艺术作品（它们是视觉语言创作的产物）当成是难得的，不可替代的历史文献。

我们已经试着来重新进行艺术的风格分析，并把这种风格分析放到应有的地位，由于新技术的突飞猛进，这种风格分析一度成为次要的因素，对风格特点的了解是必需的，因为风格会明确表达出兴趣、心理趋势和大脑思维机制，这些是理解作品本质的必不可少的指南。

这些艺术遗迹对于判定人类所创造的经济和社会环境的特征同样是非常有用的。由于有了对类型学、组合、出现的频率和其他常见元素的研究，史前艺术的所有作品——特别是不可移动的、岩画艺术的遗迹，使人们能够对作为他们创作根基的概念、心理和社会基础进行广泛重建。在世界许多地区经常出现的某些模式已使我们能够在"化石－向导"的组合中，比如在图案或符号中，去重新认识那些基本的元素，以便贯彻实施这样的决心。

这趟沿着人类痕迹的旅行主要是引导着大家去重新发现好像处于冬眠期的我们自己。弄明白人类原初的逻辑，我们就会重新看清我们在做象征和综合时使用的方法的深层机制，这些机制是代代相传的遗产的一部分，而且与人类精神的认知体系一样来自同样的起源。

附录三
彝族古籍中八卦、洛书、河图诸说

礼失求诸野。

随着中原文明的演化发展，阴阳、五行、八卦、河图、洛书、天干、地支这些中国文化基本概念的本义及相关图示在汉地已经变得模糊，至宋代，阴阳、河图、洛书的图才被"重新发现"。

彝族中保存的古籍告诉我们：阴阳、五行、八卦、河图、洛书、天干、地支本是一个有机的整体，它们组成了遥远古代中国人的宇宙时空基本模式。天文历法、医学占卜，乃至生活的方方面面皆与之有关。

这里收录的三篇文章源自王子国先生翻译整理的家传天文历法书《土鲁窦吉》（贵州民族出版社，1998年10月出版）。在彝文中，八卦称八角，河图称"五生十成"图或付拖，后者意为"联姻"；洛书称"十生五成"图或鲁素，后者意为"龙书"。一如"输必孜"更能体现阴阳太极图的本来面目，这些名称似乎更能体现八卦、河图、洛书的本来面目。

一、八卦定八名

> 在太空端顶，青天象形成，
> 宇宙产生后，各主各的权，
> 各姓有根本。
> 五行产生后，充满宇宙间。

附录三　彝族古籍中八卦、洛书、河图诸说

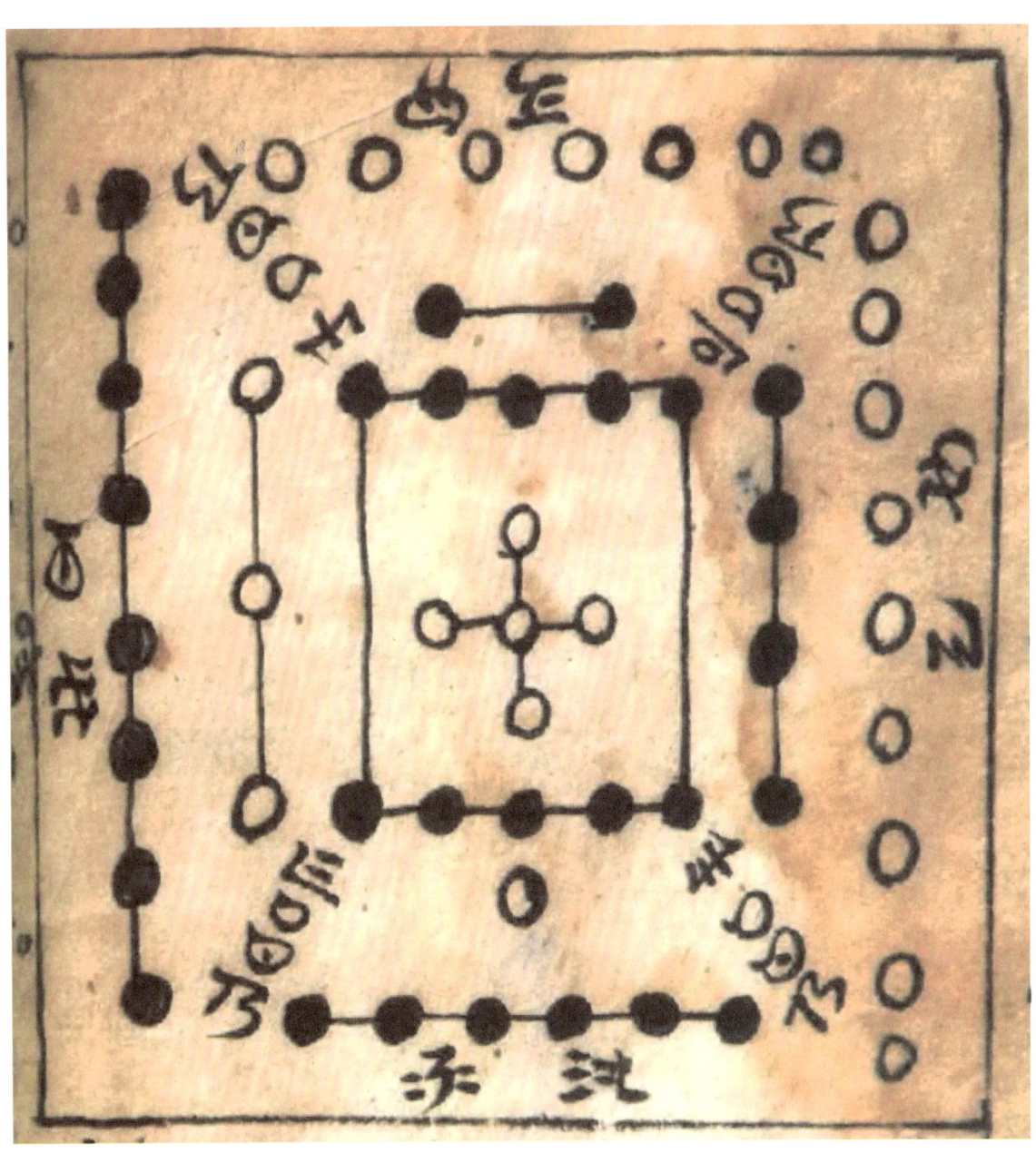

图 5-3 彝族古籍中的"五生十成"图,与汉地河图几乎全同(来源:陈长久主编:《黔西北彝族美术:那史·彝文古籍插图》,贵州人民出版社 1993 年版,第 83 页。)

哎①变而生火，火旺于南方。
哺变而生水，水生于北方。
采变而生木，木长于东方。
舍变而生银，西的银威高，
金布满中央。
鲁变而生山，朵变而生土，
哼变而生石，哈变而生禾，
这宇宙八方，由五行论定。
凡间世界，会动有生命，
土地形成，都出自五行，
就是这样的。
宇宙的首尾，大小怎样分。
是这样论定，哎哺为父母，
鲁子为长子，朵女为长女，
采子为次子，舍女为次女，
哼子为幼子，哈女为幼女。
这宇宙八方，父母自己分，
子女互相应，把它写成后，
永世流传了。

二、十生五成

阴阳的产生，先是五生成，
贤人辨别后，述它有根源；
清浊元气足，充满天地间，
布满了大地，在那个时期，
宇宙大地间，生宇宙九宫，
统一归中央，确实真的啊。

---

① 哎哺及其下采舍、鲁朵、哼哈，皆为彝族八卦名，相当于《易经》中的乾坤、坎离、震巽、艮兑，二者皆有男（子）女阴阳之分，但彝族八卦与《易经》八卦在卦象、卦序上仍有诸多不同。

天气地气交，不断地运行，
天地旋转，日月出现，
云星在运行，人亦生成了。
这十生五成，不断地变化，
一人一宇宙，掌管天地权，
就是天地间，清浊气运行。
天一和天九，宇宙南北，
居于两方位，合二生成十，
它立作老阳。
天三和天七，宇宙东西，
居于两方位，合二生成十，
它立作少阳。
地四和地六，宇宙哼哈，
居于两隅位，合二生成十，
它立作老阴。
地二和地八，宇宙鲁朵，
居于两隅位，合二生成十，
它立作少阴。
威荣富贵生。
从此以后，天九立作首，
天一立作尾，天五置于中，
由五行交易。
宇宙八面，所谓天五方，
天一五运六，地二五运七，
天三五运八，地四五运九，
五运不别说，十生就五成。
天数二十五，地数有二十，
阴阳四十五。
清浊两方位，老阳老阴辨，
少阳少阴别。
从此以后，天地亮闪闪，

富贵明朗朗，就这样产生，
这样发展了。
我把它写成，永世流传了。
从此以后，在各个方位，
序干支属相，运算天地气，
要牢记明白。
还不止这些，这清赤元气，
春夏秋冬易，四季由天定，
就是这些了。

三、五生十成

五行还没生，甲干未形成，
清浊九根本，附哎哺发光，
产生了知识。
采舍互相应，生天地根本。
五生十成，贤人观察后，
述它有根源。
天气潮翻腾，地气潮徐徐，
在此时此刻，天地轮属相，
金木水火土，一人一宇宙，
各立一位主。
天一生了水，洪水泛四方，
地六生水道，滔滔江水流。
地二生了火，火光亮煌煌，
天七生火焰，火星先出现。
天三生了木，九山有森林，
地八也生木，枝长挺粗壮。
地四生了金，九地金银根，
天九生金银，遍地出金银。
五行产生山，地根生天上，

地十生了山，生了九座山。
五生十成后，五行即发光，
先生人本相，会动有生命，
把它写成后，永世流传着。
还不止这些，天一地六水，
地二天七火，天三地八木，
地四天九金，天五地十土，
一行主一相。
这五生十成，天地轮属相，
五十五数中，天数二十五，
是苍天之根，地数三十相，
是大地之本。
其产生之后，水断绝气源，
渡过大水后，流不完的江，
还会漫溢的。
还不止这些，这五生十成，
掌管天地权，是人的根本，
属相互相应，宇宙定罡煞，
就是这样的。

附录四
佛家法王观念与黄老道法思想

千圣万圣，东西古今，其道一也，这从佛家法王观念与中国古典政治经济思想黄老学的比较中能够清楚看出来，它们在政治经济上都主张依法治国，百姓均平。

在佛教产生的印度次大陆，包括印度教在内的古老文化为何没有发展出如中国一样高度复杂的世间法——外王体系呢？笔者认为其主要原因与印度的地缘环境、气候条件和思维方式有关。

重内而轻外，是印度文化的基本特点；宗教与政治两分，上帝的归上帝、恺撒的归恺撒，内外分立是西方文化的特点——全世界古老文明中，只有中国拥有较为完整发达一以贯之的内圣外王体系。

近读泰国摩诃朱拉隆功佛教大学校长梵智长老的《法王论》一书（宗教文化出版社 2015 年 6 月出版），对佛教政治经济理念有了一个粗浅认识。令笔者大为惊异的是，它的核心理念竟然和中国传统的黄老道法思想没有任何本质区别——政治经济上都主张依法治国，百姓均平。

一、法比王大

在佛教的观念中，法比王大——君王依法行政，王法监督王权。传说一位比丘曾这样问佛："既然国王是一国最伟大的人，那还有什么比国王更伟大吗？"佛回答："法，比国王更伟大。"[①]

梵智长老指出，"法王"是佛教中的理想君王，其主要含义有两个，一

[①] 梵智长老：《法王论》，宗教文化出版社 2015 年版，第 36 页。

图 5-4 跌坐的佛陀，公元 7—8 世纪石雕，现藏曼谷国家博物馆（图片来源：魏庆征：《世界宗教艺术图典》，中央编译出版社 2011 年版，第 59 页。）

是"以法为王者",依法治国,奉法治上,即"法增上"。佛经有言:"君王皈依法,推崇法、尊敬法、崇拜法、信奉法、遵守法,以法为胜利的旗帜,奉法至上,以法增上。"①

法王的第二个含义指"如法之王者",强调国君自己要维护正法或遵行王法,并使人民满意欢喜。

这和黄老政治理念异曲同工。只不过后者的论述更为翔实罢了。黄老核心经典《管子》强调治国当以法令为重,即"重令",并明确提出了"令尊于君"的主张。

《管子·重令第十五》开篇即指出:"但凡统治国家的重要手段,没有比法令更重要的。法令威重则君主尊严,君主尊严国家就安定;法令没有效力则君主轻贱,君主轻贱国家就危险。所以,安国在于尊君,尊君在于行令,行令在于刑罚严明。刑罚严、法令行,则百官畏法尽职;刑罚不严、法令不行,则百官玩忽职守。因此,英明的君主明察治民的根本,而治国根本没有比法令更重要的了。"(原文:凡君国之重器,莫重于令。令重则君尊,君尊则国安;令轻则君卑,君卑则国危。故安国在乎尊君,尊君在乎行令,行令在乎严罚。罚严令行,则百吏皆恐;罚不严,令不行,则百吏皆喜【同"嬉"】。故明君察于治民之本,本莫要于令。)

《管子·法法第十六》主要是讲以法治手段推行法令,其根本在"禁胜于身",即君王本身也要依法行政,这是"法令行"的起点。上面说:"不以法治手段推行法度,则国事没有常规;法度不用法治手段推行,则政令不能贯彻。君主发令而不能贯彻,是因为政令没有成为强制性的法律;成为强制性的法律还不能贯彻,是因为起草法令不慎重;起草法令慎重而不能贯彻,是因为赏罚太轻;赏罚重还不能贯彻,是因为赏罚不信实;信赏必罚法还不能贯彻,是因为君主不以身作则。所以说:禁律能够管束君主自身,政令就可以行于民众。"(原文:不法法,则事毋常。法不法则令不行。令而不行,则令不法也;法而不行,则修令者不审也;审而不行,则赏罚轻也;重而不行,则赏罚不信也。信而不行,则不以身先之也。故曰:禁胜于身,则令行于民矣。)

法高于一切,不仅高于人民,也高于君王。在中国人的法治观念中,

---

① 梵智长老:《法王论》,宗教文化出版社2015年版,第39页。

"道生法",法是天道的在社会事务中的体现,是高于个人或团体私利的。所以《管子·法法第十六》中指出:"明君不为亲戚危其社稷,社稷戚于亲;不为君欲变其令,令尊于君;不为重宝分其威,威贵于宝;不为爱民亏其法,法爱于民。"

尽管现代社会君主制基本已经失去了往日的权威,但政党守法仍然是一个国家实现依法治国的基础——这是需要我们特别注意的!

二、何谓王法

那么,具体什么是"王法"呢?据《转轮圣王经》的注释,"王法,指十善业道,五转轮王职责和四王摄法。"[①]

其中"十善业道"是一切佛教徒所要遵守的,身、口、意上的基本行为规范:

身行好事三:不杀生、不偷盗、不邪淫。

口说好话四:不妄语、不两舌、不恶口、不绮语。

心想好念三:不贪别人的东西、不伤害别人、正思惟。

与现代西方基于个人主义的公民意识不同,佛教和中国传统政治理念都建立在个人修行的基础之上。《管子》中著名的"心术四篇",即《心术上》《心术下》《白心》《内业》四篇,就专门讲治国者如何在心地上用功——这是东方政治文化最深的、通于大道的根本。

其中"五转轮王职责"包括十二项,可归为以下五个方面:

一是前面说到的法增上,奉法至上,依法治身、理国。

二是法护,包括维护官员、军人、僧尼等七类人民的法念,再加上护念各种动物,共关系八类法护。与其余四项职责加在一起,共有十二项转轮王职责。

三是禁非法。君王要采取措施避免灾祸的发生,保护人民,让他们远离罪行。

四是理财。指"寻找资源,让人民吃好住好,国家富足,没有穷人。"[②]

[①] 梵智长老:《法王论》,宗教文化出版社2015年版,第39页。
[②] 梵智长老:《法王论》,宗教文化出版社2015年版,第43页。

五是遍问。这同于中国传统政治中的"贤能共治","与宗教家和博学者共同研讨，拟定合适的治国方针。"①

其中"四王摄法"包括布施摄，与人分享；爱语摄，说话柔和；利行摄，身行好事；同事摄，处世合宜。

在君王遵行的王法中，涉及经济，即理财的内容，同样重视百姓均平。佛在《牲祭经》中曾特别提到君王的济民之道，即"王摄法"，其中除了发展农业、刺激商业、低税率、给人民足够的薪金等措施，还包括给穷人无息贷款等。

同中国古典经济思想轻重术一样，佛家似乎也认为只是均衡的发展才是最快的发展，国家经济调节的目标应是均衡，而不是急功近利的增长。《黄帝四经》所谓"应化之道，平衡而止"。②

通过将佛家法王观念与黄老道法思想相比较，我们就会发现，天下大道东西古今一以贯之，此言真实不虚！

现代西方政治经济制度上，资本垄断一切，对于自然和弱者巧取豪夺，这是违背天道的，是注定不可持续的，死路一条——我们再也不能亦步亦趋地学习西方了。

三、为何是中国

佛家侧重出世间法。据《过去现在因果经》，现在世和过去世，都有人预言，如果释迦牟尼佛不出家，就会成为转轮圣王。如果出家，则可以证悟成佛。上面说："若在家者，年二十九，为转轮圣王；若出家者，成一切种智，广济天人。"后来，佛陀出家成佛，广传佛法，点燃了人类智慧的一盏耀眼明灯。

那么，在佛教产生的印度次大陆，包括印度教在内的古老文化为何没有发展出如中国一样高度复杂的世间法——外王体系呢？笔者认为其主要原因与印度的地缘环境、气候条件和思维方式有关。

---

① 梵智长老：《法王论》，宗教文化出版社2015年版，第43页。
② 详见拙著《国富新论：中国经济学轻重之术》第三章第二节"市场调控的目标不是增长，而是均平"，中央编译出版社2013年版，第87—95页。

诚如历史学家许倬云先生所说，与中国长江黄河流域连续的广大平原不同，"印度是割裂的次大陆，不是很完整的，河流漫流的下游被小河流割成一块一块。中游以上的支流虽多，但不能变成通畅的交通通道，反而成为隔绝的障碍。一个一个村落，全区都是割裂区域的小农区，破裂性很强。再往南走是被德干高原分隔的个别地区，交通更不方便，印度次大陆上显著的缺少统一的条件"①。

没有政治上的统一，其政治经济结构必然相对简单封闭，就不可能有中国那样组织严密的全国性政权和市场，以及建基于此的政治经济学体系。

另外，中国地处欧亚大陆连续体的东部边缘，又受到群山、沙漠的阻隔与保护，过去五千年来不易受到好战的印欧语族群的征服。印度没有天然的屏障，这使其常常受到来自西北的征服。所以它的民间文化相对稳定，但上层，经世济民之道注定随着政权的改变多有变化，植根于大道的外王体系很难沉淀积累起来。许倬云写道："印度西北暴露，无法与中亚细亚隔开，而中亚地区干旱，生活条件差，当粮食缺乏或是气候改变时，中亚的人就长驱直下侵入印度，因而在印度次大陆上有一波又一波的征服者进入。大概从西元前一千六百多年开始，至少八百年中不断地有侵略者入侵。第一波侵略者变成主人，不与当地人混合，第二批来的人又不愿意与第一批混合，一波又一波的进入，造成一层又一层的阶层性。"②

而中国大平原地区有高度组织化的、复杂的政治经济体系，使其不易被征服，即使元、清两朝北部草原游牧族群军事占领了中国，也会在相当程度上被同化、消解。

从气候上说，印度一般一年分为3季，3—5月为气候炎热的暑季，6—9月为雨季，10—2月为凉季。其中雨季和凉季气候较宜人，而暑季酷热，"故印度历来有'坐夏'一说，或居家少出，或躲入树林。甚至有学者认为，印度的季风气候对形成印度民族的性格有相当影响，如气候酷热，高度潮湿，大气清澄，形成当地居民'被动'、'忍从'和'思索'的性格"③。

或许正是由于上述地理、气候上的特点，导致印度人思想上重内而轻

---

① 许倬云：《历史分光镜》，上海文艺出版社1998年版，第136页。
② 许倬云：《历史分光镜》，上海文艺出版社1998年版，第136页。
③ 林太：《印度通史》，上海社会科学院出版社2015年版，第2页。

外，重抽象领域而轻具象领域，特别是忽视对政治经济理论极为重要的历史经验的记录。林太先生写道："印度人强调现象实体的内在规定性，避免明示现象实体，亦即重视隐于背景中的或无法直视的事象的基本属性，无视或漠视具体的可知实体。这种传统的思维方法使古代印度人在数学、天文学以及在哲学、宗教等宏观和抽象研究领域中业绩显赫，但在相对具体的研究领域几无建树。印度人从来没有比较详尽的地方志和风土志，作为比较，中国人擅长对具体事物和个别事物的研究，因此这方面典籍甚多……"①

所以，印度文化有古老的丛林制度、瑜伽修行传统，却没有开出相应的、高度发达的外王体系。印度教大体将生命分为四个阶段，其中第三为"修行阶段"。"只要有了第一个孙子之后，个人就以年老为借口，从他一直承担的社会责任中退隐下来。很多年以来，社会已经预支了他生命的一部分，现在是该轻松下来的时候，否则生命就会在被了解之前结束了。从传统上讲，那些充分利用这一点需要精神冒险的人，被称为'林栖者'（如果妻子愿意，也可以夫妇同行；如果妻子不愿意，丈夫就只身前去），因为他们离开家，在森林的孤寂中寻求自我发现。退隐是朝星星之外看去，而不是朝乡村的街道看去。"②

重内而轻外，是印度文化的基本特点；宗教与政治两分，上帝的归上帝、恺撒的归恺撒，内外分立是西方文化的特点——全世界古老文明中，只有中国拥有较为完整发达的一以贯之的内圣外王体系。

这，也是大历史的因缘吧……

---

① 林太：《印度通史》，上海社会科学院出版社 2015 年版，前言。
② 〔美〕休斯顿·史密斯：《人的宗教》，梁恒豪译，海南出版社 2014 年版，第 48—49 页。

鸣　谢

从数万年前旧石器时代岩画艺术到 21 世纪最新学术成果，从风景如画的乌克兰的小城到恬静幽远的贵州彝族村寨，在这项涉及如此广泛知识领域和民族地域的研究中，笔者特别得益于以下机构和学者的帮助：

乌克兰驻中国大使馆，乌克兰"兰华"文化研究中心，北京乌克兰之家。

乌克兰"兰华"文化研究中心董事会主席尤里·考迪克（Yuriy Kotyk）先生，由于他的精心安排，才使我们的乌克兰之行成果丰硕。感谢乌克兰政府和私人文博机构对我们的热情接待，感谢北京乌克兰之家的杨娜（Ianna Shuliak）、柯莎夏（Oleksandra Kiktenko）小姐，她们在百忙之中为我解读了相关乌克兰语文献。

贵州省毕节市彝文文献翻译研究中心的王继超先生、陈宗玉先生，以及毕节市大屯彝族乡三官村布摩（意为"念诵经书的长者"，布摩是彝族文化的主要传承者之一）陈文均先生，他们为我打开了通向彝族文化这一人类文明"活化石"的大门。

吉林省民族宗教研究中心研究员、长春师范大学萨满文化研究所名誉所长富育光先生，这位中国萨满文化研究泰斗已经 83 岁高龄，在身患严重病痛的条件下仍然接受了我的采访，并将他出版的新书赠给我。感谢吉林省民族宗教研究中心张学慧、刘红彬先生，吉林市满族博物馆石氏家族第十二代萨满传人石光华先生。

青海省民族宗教事务委员会的包瓡主任，青海省社会科学院民族宗教研究所所长鄂崇荣博士，青海省德令哈市民宗局哈斯秦格力局长。

西藏自治区民宗委副主任多吉次仁先生、金美处长，西藏艺术研究所的索朗多吉研究员，西藏社会科学院宗教研究所的且增朗杰研究员。

四川省茂县黑虎乡释比（羌族萨满）余有陈先生，四川省羌学学会理事、中国非物质文化遗产研究院研究员焦虎三先生。

中国社会科学院民族学与人类学研究所研究员易华教授，他约我到他家中，将自己珍藏的德文和英文文献借给我使用，并对我的研究提出了诸多建设性意见。中国社会科学院考古研究所刘建国研究员。

在这项艰苦、复杂的研究工作中，笔者得到了海内外诸多专家学者和有识之士的帮助，尽管不能一一列举他们的名字，但此时此刻，我心中充满——感谢！感恩！

但愿我们对人类文明基因的探索有助于不同宗教、不同国家和不同种族的人们相互理解——因为，相互理解是人类文明统一和世界持久和平的基础！